# 品牌的财务故事

谈多娇 著

中国财政经济出版社

**图书在版编目（CIP）数据**

品牌的财务故事/谈多娇著．—北京：中国财政经济出版社，2015.9
ISBN 978－7－5095－6382－3

Ⅰ.①品…　Ⅱ.①谈…　Ⅲ.①企业管理－财务管理　Ⅳ.①F275

中国版本图书馆 CIP 数据核字（2015）第 215437 号

责任编辑：李　磊　　　　责任校对：徐艳丽
封面设计：耕　者　　　　版式设计：康普宝蓝

中国财政经济出版社 出版
**URL**：http：//ckfz. cfeph. cn
E－mail：ckfz@ cfeph. cn

社址：北京市海淀区阜成路甲 28 号　邮政编码：100142
营销中心电话：010－88190406　北京财经书店电话：010－64033436、84041336
北京财经印刷厂印刷　各地新华书店经销
710×1000 毫米　16 开　15.5 印张　250 000 字
2015 年 10 月第 1 版　2015 年 10 月北京第 1 次印刷
定价：35.00 元
ISBN 978－7－5095－6382－3/F·5141
（图书出现印装问题，本社负责调换）
质量投诉电话：010－88190744
**打击盗版举报热线：010－88190492，QQ：634579818**

# 前言

品牌价值是品牌管理要素中最为核心的部分，也是品牌产品区别于同类竞争产品的重要标志。哈佛大学商学院著名教授迈克尔·波特在其著作《竞争优势》中曾提到：品牌核心价值就是品牌精髓所在。根据劳动价值理论，品牌价值是品牌客户、渠道成员和母公司等方面采取的一系列联合行动，能使该品牌产品获得比未取得品牌名称时更大的销量和更多的利益，还能使该品牌在竞争中获得一个更强劲、更稳定、更特殊的优势。这些优势体现在企业财务数据上就会出现不同平常的财务故事。很难说是财务安排成就了品牌价值，还是品牌价值影响了财务安排。

本书从权威的品牌价值排行榜上选择了具有代表性的科技公司和奢侈品公司作为样本，对 19 个案例进行了分析和研究。通过对样本公司的财务故事进行梳理，从财务的角度来提炼世界著名品牌价值中的财务 DNA、破解其成“名”的密码。所有的研究都基于样本公司官方公布的财务报表数据。当然，财务数据也会受到宏观经济、政策制度、行业发展及企业本身的非财务因素等多方面的影响，这些也是本书所覆盖的内容。

本书的原型是作者在《会计之友》杂志上开设的专栏《品牌的财务

故事》中的系列文章。该专栏从2013年11月初开始，到2014年12月底结束，历时一年两个月。专栏的样本是从众多国际知名公司中选择出的具有代表性的42家欧美企业，涉及的企业类型有互联网企业、餐饮企业、奢侈品公司、汽车制造企业、零售业、日化用品企业以及化工产品、制药企业等等。其中，美国公司的财务数据主要来源于新浪财经美股网站；欧洲公司的财务数据则有的是根据各公司官网上公布的年报资料，有的是欧洲的专家和友人收集提供的财报再由作者及团队成员手工整理而成。本书从专栏42个案例中有针对性地挑选出了19个，主要是科技企业和奢侈品公司两大类，在编撰成书时对原案例文章的内容进行了适当扩充。

本书的写作目的在于希望借他山之石，为中国企业的品牌价值创造提供借鉴参考和实用性指导。在研究创作的过程中，我们捕捉到了世界顶级品牌在价值创造过程中的财务安排的新常态，不断有新的样本佐证了财务安排与企业品牌价值的因果关联性，这些都是对理论研究者和实务工作者有用的。这也是本书最大的贡献。

**2015年7月**

# 目录

## 上篇　科技品牌

## 下篇　奢侈品品牌

Samsonite



因为执着，所以专业；因为专注，所以专业。曾经百年如一日的坚持和对产品质量品质的苛刻追求，成就了新秀丽的辉煌。优秀而卓越的产品质量、与时代同步的设计风格、考虑周到的实用性以及可靠性、完善的售后服务，使新秀丽赢得了世界各地消费者的喜爱与认同。

COACH LEATHERWARE



寇驰公司的发展理念是向客户提供“可以负担的奢侈品”，并以大牌的质量和亲民的价格挑战欧洲老牌奢侈品的重要地位和市场份额。如今，七十余岁的美国大牌及全球轻奢品的传奇寇驰，现在一方面走电商的流行时髦路线，另一方面又将整个价值链的环节掌控手中。

上篇

# 科技品牌

# 故事一：有钱任性的苹果

## 一、苹果公司的品牌故事

在全球著名品牌咨询公司 Interbrand 公布的“2014 年全球企业品牌价值排行榜”（Best Global Brands）上，“苹果”公司（Apple Inc.）凭借 1188.63 亿美元的品牌价值名列榜首。

苹果公司创建于 1976 年 4 月 1 日，总部位于美国加利福尼亚库比蒂诺，由史蒂夫·乔布斯（Steve Jobs）、史蒂夫·沃兹尼亚克（Steve Wozniak）和罗纳德·韦恩（Ronald Wayne）三个人共同创办，其中史蒂夫·乔布斯不仅是苹果公司的灵魂人物，还是人类史上的一个传奇人物，被誉为人类科技史上最伟大的革新者，他创造了人类历史上“第三只苹果”的奇迹——苹果公司。2011 年乔布斯因胰腺癌不幸去世。1980 年 12 月 12 日苹果公司在美国纳斯达克公开招股上市，股票价格曾最高到达 705 美元，是投资者追逐的对象。2011 年苹果公司一度成为全球市值最大的公司。

在高科技企业中，苹果公司一直以产品创新而闻名世界，很多产品都曾掀起过市场“排队狂潮”。苹果公司每个产品都是革命性的：iPod 掀起了音乐播放器革命，iPhone 重新定义了智能手机概念，iPad 让平板电脑成为了一种潮流，Apple Watch 开启了智能可穿戴设备的新纪元。苹果公司曾依靠微软公司 1997 年提供的一笔 1.5 亿美元投资才得以幸存，现在早就远远超过微软公司成为全球市值最高的科技企业。2014 年末，苹果公司的市值超过了 7 000 亿美元，成为人类历史上第一个迈过此门槛的公司，而且彼时苹果公司的市盈率只有 18 倍。如果将其营业收入增长率和净利润增长率考虑进去，在适当的宏观经济环境条件下，苹果公司市值过万亿不是神话。

苹果公司之所以能够在变化如此迅速、竞争如此激烈的市场中脱颖而出，除了其无与伦比的创新能力以及与消费者保持紧密联系的作风之外，其独特的财务结构和财务安排也是一个精彩的传奇故事。

## 二、苹果公司的财务报表分析①

### （一）高速的发展能力

表 1　　财务报表主要数字　　单位：百万美元

| | 2010/11 | 2011/12 | 2012/13 | 2013/14 |
|---|---|---|---|---|
| 现金及等价物 | 9 815 | 10 746 | 14 259 | 13 844 |

① 苹果公司的财年从每年 10 月 1 日至次年的 9 月 30 日。本文的研究样本是 2010/11 ~ 2013/14 年间苹果公司的 4 份年报。

续表

| | 2010/11 | 2011/12 | 2012/13 | 2013/14 |
|---|---|---|---|---|
| 资产总额 | 116 371 | 176 064 | 207 000 | 231 839 |
| 总资产增长率 | | 51% | 18% | 12% |
| 长期债务 | 0 | 0 | 16 960 | 28 987 |
| 营收 | 108 249 | 156 508 | 170 910 | 182 795 |
| 营收增长率 | | 45% | 9% | 7% |
| 税后利润 | 25 922 | 41 733 | 37 037 | 39 510 |
| 净利润增长率 | | 61% | -11% | 7% |

从资产负债表上看，苹果公司的资产规模增长十分迅速，截至2014年9月30日，苹果公司账面资产高达2 318亿美元，比2011财年的1 164亿美元翻了一番。此外，2012年以前“零负债”的财报是苹果公司报表上最显著的特征，也是公司过去多年来谨慎花钱的写照。在2012年之前，苹果公司的报表上没有长期债务，也未增发过股票。也就是说，苹果公司完全凭自己创造的现金流就做到全球上市公司市值最大的公司。对现金储备的谨慎态度源于公司创始人乔布斯。经历了苹果公司真正的困难时期后，乔布斯坚持认为在钱的问题上应该“未雨绸缪”，企业有了现金积累才能使一些重要的机遇转化为资本。但是在2012年后，苹果公司长期债务陡增。2013年，苹果公司发行债券，引发了全球投资者的疯狂抢购。这次苹果公司发行历史上规模最大的公司债券交易，共吸引了500多亿美元的资金。这次发行债券是苹果公司近20年发行的第一个债券，也是华尔街有史以来最被热烈期盼的一个公司债。苹果公司2013年大举进军债市，意在为其雄心勃勃的现金返还计划筹集资金。即苹果公司通过发行债券以“取悦”股东，希望能够彻底去掉长期困扰公司的“对股东不友好”的恶名。根据这项计划，到2015年年底苹果公司将向股东返还总额1 000亿美元的现金。

从利润表上看，苹果公司营业收入和利润上升幅度很快，其中，2012财年变化最为剧烈，收入和利润分别上涨了45%和61%。2012年实现收入为1 565亿美元，利润为417亿美元，而同期微软、易趣、谷歌、雅虎、脸书和亚马逊等6家企业合起来的利润也只有344亿美元。2014年营收和盈利更是创历史新高，1 800多亿美元的营收，平均到一年中的每一天，即使不算任何休息日，平均每10秒钟苹果就可以创造营收5万8千美元，也就是说数十秒钟的一个瞬间，苹果已经赚了将近6万美元，其中利润大约1万2千美元。这种漂亮的营收盈利能力主要归功于苹果公司的系列王牌产品，其中苹果公司在高端智能手机和平板电脑领域都是当之无愧的盈利霸主。而其高额利润的主要原因是苹果公司将自己的生产供应链撒向全球各国，建立不同配件的代工厂，最大限度降低成本。

从现金储备上看，苹果公司近年的财务数据中最大的亮点是高得离谱的现金储备。苹果公司高额的现金储备令很多国家政府和大公司望洋兴叹。早在2011年7月份“美债危机”爆发时就掀起了“苹果公司与美国财政部谁更有钱”的探讨，舆论将苹果公司的巨量现金储备推到了风口浪尖。当时苹果公司拥有760亿美元的现金储备，而美国财政部的总运作现金余额只有不及740亿美元。可见，苹果公司要比美国政府还有钱，是名副其实的富可敌国。表2是来自美国私人财富管理机构U. S. Trust根据2013年末的数据所做的统计表，列示了苹果公司与不同国家和其他公司的现金储备情况，可以看出，苹果公司的现金储备远远超过了一些发达国家和国际知名的大公司。

**表2　　苹果公司与不同国家和公司的现金储备情况　　单位：十亿美元**

| 排名 | 公司/国家 | 现金储备 | 排名 | 公司/国家 | 现金储备 |
|---|---|---|---|---|---|
| 1 | 苹果公司 | 159 | 26 | 南非 | 42 |

续表

| 排名 | 公司/国家 | 现金储备 | 排名 | 公司/国家 | 现金储备 |
|---|---|---|---|---|---|
| 2 | 马来西亚 | 130 | 27 | 哥伦比亚 | 41 |
| 3 | 土耳其 | 109 | 28 | 卡塔尔 | 41 |
| 4 | 波兰 | 99 | 29 | 智利 | 39 |
| 5 | 印度尼西亚 | 93 | 30 | 德国 | 39 |
| 6 | 微软 | 84 | 31 | 甲骨文公司 | 37 |
| 7 | 丹麦 | 82 | 32 | 黎巴嫩 | 36 |
| 8 | 以色列 | 80 | 33 | 意大利 | 36 |
| 9 | 伊拉克 | 74 | 34 | 安哥拉 | 32 |
| 10 | 菲律宾 | 74 | 35 | 高通公司 | 32 |
| 11 | 英国 | 70 | 36 | 强生公司 | 29 |
| 12 | 阿联酋 | 67 | 37 | 科威特 | 29 |
| 13 | 秘鲁 | 63 | 38 | 西班牙 | 29 |
| 14 | 谷歌 | 59 | 39 | 通用汽车 | 28 |
| 15 | 加拿大 | 58 | 40 | 法国 | 27 |
| 16 | 瑞典 | 55 | 41 | 默克 | 27 |
| 17 | 挪威 | 55 | 42 | 英特尔 | 26 |
| 18 | 威瑞森电信 | 54 | 43 | 福特汽车 | 25 |
| 19 | 捷克共和国 | 54 | 44 | 阿根廷 | 25 |
| 20 | 辉瑞 | 49 | 45 | 安进公司 | 23 |
| 21 | 美国 | 48 | 46 | 可口可乐 | 20 |
| 22 | 思科系统 | 47 | 47 | 乌克兰 | 19 |
| 23 | 匈牙利 | 46 | 48 | 哈萨克斯坦 | 19 |
| 24 | 罗马尼亚 | 45 | 49 | 摩洛哥 | 18 |
| 25 | 澳大利亚 | 43 | 50 | 易安信公司 | 18 |

但为何在这么高的现金储备下，苹果公司仍然会发行债券借钱呢？事实是这样的：苹果公司虽然富可敌国，但是其现金大部分（超过70%）

都储存于美国海外，这些钱对于苹果公司来说不是这么容易拿到的——因为税率的原因。2014 年财报上苹果公司的现金储备已经接近 1 400 亿美元，这么高的现金储备让苹果公司成为商界的联邦金库，但是在美国本土只有 180 亿美元。要想把海外资金汇回美国再向股东分配股利，苹果公司就得缴纳巨额税款。因此，苹果公司在美国本土没有足够的资金用于分红和股票回购，巨额的海外现金不能用于股东分红，苹果公司只能从美国债券市场贷款，才能为股东分配计划获得一部分融资。这种向债券市场贷款的做法有悖于史蒂夫·乔布斯制定的“绝不负债”的基本原则。当然，苹果公司储存在美国海外的现金虽然很难以收回本土，不过他们可以加大海外的投资建设，比如零售店的开业、研发中心的建立等等。由于将资金转移回美国本土的税收太高了，苹果公司至今对于将资金回流至美国没有任何的计划。苹果公司曾游说美国政府，希望政府可以给予一段时间的免税期方便将海外的资金转移回美国本土，用来进行投资和改善就业状况，但此举并没有得到美国政府的支持。因此，有人戏称苹果已经成为一家表面很富有的“贫穷企业”。

## （二）保守的偿债能力

**表 3　　　　偿债能力指标**

| | 2010/11 | 2011/12 | 2012/13 | 2013/14 |
|---|---|---|---|---|
| 流动比率 | 1.61 | 1.50 | 1.68 | 1.08 |
| 速动比率 | 1.58 | 1.48 | 1.64 | 1.05 |
| 资产负债率 | 34% | 33% | 40% | 52% |

从偿债能力上看，苹果公司几乎没有偿债压力。2011 ~ 2014 财年末其

流动比率从1.61下降到1.08，但仍然处于安全水平，而且流动资产中现金储备占有巨大数额，所以含金量极高，偿债几乎毫无压力。由于现金充足，存货金额又相对较低，所以速动比率与流动比率相差不大。

如前文所述，苹果公司负债规模越来越高，所以资产负债率水平不断上涨，从2011财年的34%上升到2014财年的52%。苹果公司曾长期执行乔布斯的“绝不负债”原则，资产负债表上的长期负债为零，只有自发性的一些流动负债，所以“零负债”曾是苹果公司最令人惊叹的一点。苹果公司于2013年发行债务筹集资金以回购自己的股票，以向股东回赠现金，提高公司财务杠杆，并充分用好公司巨额现金。因此，苹果公司的杠杆水平自2013年开始一路上升，至2014年财报上资产负债率高达52%。

## （三）高效的营运能力

**表4　　营运能力指标**

| | 2010/11 | 2011/12 | 2012/13 | 2013/14 |
|---|---|---|---|---|
| 存货周转率 | 83.03 | 111.06 | 60.43 | 53.18 |
| 应付账款周转率 | 4.40 | 4.15 | 4.77 | 3.72 |
| 应收账款周转率 | 9.24 | 8.37 | 8.28 | 6.72 |
| 流动资产周转率 | 2.41 | 2.71 | 2.33 | 2.67 |
| 固定资产周转率 | 9.20 | 7.15 | 5.99 | 4.69 |
| 总资产周转率 | 0.93 | 0.89 | 0.83 | 0.79 |

从营运能力上看，苹果公司以其高效的存货周转率而令人咋舌，苹果公司的现任首席执行官蒂姆·库克因此被誉为运营天才。2011～2014财年，苹果公司的存货周转率平均为76.75次/年，即存货周转期平均只有5天左右，这就意味着苹果的库存平均五天就要完整更新一次。从全球范围

来看苹果公司的存货周转速度居全行业首位，其竞争对手三星也只有17次/年，而一般的生产企业平均为8次/年。事实上，苹果公司的存货周转速度仅次于全世界存货周转率最高的麦当劳公司，麦当劳的存货周转期仅只有两天多。从供应链角度来看，苹果公司存货周转率较快的一个重要原因是其精简的产品线。举例而言，苹果智能手机和平板电脑、个人笔记本电脑中有许多零部件都可以通用。这样，苹果公司在管理供应链时要省力很多，并能够获得更优惠的采购价格，有助于加速存货周转。苹果现任首席执行官蒂姆·库克从到苹果公司的第一刻起，就意识到必须让公司从生产环节的牵绊中摆脱出来。库克曾经说过，存货“从根本上说就是恶魔”。他关闭了公司在各地的工厂和仓库，并与一些制造商建立合作关系。这一举措使得库存在苹果公司的资产负债表上停留的时间迅速缩短。据说，库克观察出在正常情况下存货价值在一周之内会贬低1%到2%，并提出要像乳制品行业一样来管理苹果公司，即要非常重视产品的保鲜期。这种物流原则使苹果公司的存货管理成为同行业的黄金标准。苹果公司2011～2014财年的应收账款周转率从9.24下降到6.72，下降的主要原因是与收入规模同比上升的应收账款余额扩大了近一倍，这也从另一个方面说明苹果公司产品的市场规模不断扩大。

苹果公司的总资产周转率接近1，作为一个总资产规模十分庞大的企业帝国来说，能达到如此高的总资产周转率，也是苹果公司高效的营运能力的另一个有力佐证。

## （四）强劲的盈利能力

表5　　盈利能力指标　　单位：百万美元

| | 2010/11 | 2011/12 | 2012/13 | 2013/14 |
|---|---|---|---|---|
| 销售毛利率 | 40% | 44% | 38% | 39% |
| 研发费用 | 2 429 | 3 381 | 4 475 | 6 041 |
| 研发营收比 | 2% | 2% | 3% | 3% |
| 销售净利率 | 24% | 27% | 22% | 22% |
| 总资产净利率 | 22% | 24% | 18% | 17% |
| 权益净利率 | 34% | 35% | 30% | 35% |

强劲的盈利能力是苹果公司一直引起全世界瞩目的主要原因。2011～2014财年其销售毛利率均在40%左右，其间，2012年苹果公司毛利率达到史上最高的44%。如此高的销售毛利率源于苹果公司的成本控制得力、智能手机等电子产品靓丽的市场销售业绩以及销售额增长所带来的固定成本杠杆的改善。与盈利能力快速增长相对应的是，从2005年开始，苹果公司的研发支出占销售收入的比例并不高，2011和2012财年降到2%，创历史新低。但由于销售规模巨大，且逐年上升，所以公司研发支出的绝对数额较大且不断增加。2014财年的研发支出虽然只占营收3%的比例，但金额高达60亿美元之巨，比2013财年增加35%，增长速度再创新记录。高昂的研发投入正是苹果公司无与伦比的创新能力的源动力。除了在经营上努力提高盈利水平之外，苹果公司还巧妙选择避税路线实现税后净利最大化。2011～2014财年其销售净利率在22%以上，其中，2012年达到历史最高点27%。此外，虽然近十几年来，苹果在美国本土之外的业务为公司攫取了上千亿美元，但苹果公司所适用的公司所得税税率从未超过

2.5%。苹果公司并不讳言自己在避税工具上的创新以及在全球实施的节税会计策略。毋庸置疑，苹果公司的股东回报率非常可观，其权益净利率都在35%左右。而且，作为全球科技巨头的苹果公司在股票市场上的表现更优秀。以至于曾有很多忠实的苹果股东将该股视为未来的一张“安全网”，即一支只涨不跌的股票，丰厚的收益让投资者难以割舍。2014 年，由于股价过高，苹果执行了一项 1：7 的股票分割计划，意味着此前苹果的每一股股票相当于分割后的七股股票，这使其股价从 700 美元左右变成了 100 美元左右。这项计划为苹果股票打开了加入道琼斯工业平均指数的大门。2015 年 3 月，这家全球市值最大的公司顶替 AT&T，被纳入道琼斯工业平均指数，即苹果的企业声誉在某种程度上得到了道琼斯的肯定。而所有的道琼斯工业平均指数的成分股都是要求派发股息的，这意味着除了股价上涨所带来的回报以外，以后苹果公司的投资者还能获得定期的现金回报。

## 三、结束语

综上所述，苹果公司的财务实力总结为资产、利润和现金流快速增长；为“取悦”股东而发行长期债券抬高财务杠杆水平；高速周转的资产管理之道以及以巨量研发开支为创新底气的高回报率。但对于苹果公司的未来而言，能否实现可持续增长，则有很多变数。

其一，为苹果公司带来巨量利润来源的智能手机硬件行业的快速成长期已经结束，未来智能手机价格将大幅下调。随着令人瞩目的拳头产品智能手机、平板电脑、个人笔记本电脑等销量下滑，2013 年苹果公司的净利出现负增长，毛利率出现明显的下降。2013 年 9 月，苹果公司为获取市场份额推出利润率较低的 iPhone5C，2015 年推出的 iWatch 的市场前景不可预知，以及市场前景不明朗的、利润率超低的智能电视机产品，这些产品将可能摊低苹果的整体利润率。有人对于苹果电视机持怀疑态度，声称苹果在推出电视机产品之后，如果不能提供出众的电视内容，苹果电视机就没有足够的市场意义。

其二，各类威胁重重，如安卓系统对 iOS 的威胁。iOS 是由苹果公司开发的手持设备操作系统，最初用于苹果智能手机，后来扩展到平板电脑等多款苹果产品。但现在其已经不再是很多开发商首选的操作系统了，安卓的兴起对其造成了巨大的威胁。此外，在全球市场上竞争激烈，强敌如云。韩国三星公司已对苹果采取各条战线的全面竞争战略，并将主战场锁定在智能手机和平板电脑市场。虽然三星不可能在很短的时间内就取代苹果一把手的位置，但这却是苹果公司必须关心重视的，领导高管必须制定合理的竞争战略与之抗衡。

其三，灵魂人物的缺失。曾被多次评为全美最佳 CEO 的乔布斯是苹果公司的灵魂人物。有人认为乔布斯与苹果是共存的，二者缺一不可。这种说法虽然有点极端，但也是有迹可循的。苹果公司在乔布斯的带领下，赶超科技大亨微软，股价一路飙升，成为世界第一大科技公司。作为乔布斯精心挑选的继任者，虽然蒂姆·库克也是一个优秀的领袖，在乔布斯去世后对苹果的管理也非常出色，但是还难以成为苹果公司的灵魂人物。

其四，高层人才流失。苹果公司不仅要开发新产品吸引用户，还需要继续吸引顶尖人才，保持公司的绝对竞争力。近几年苹果已经陆续失去了几个公司高管。如果在未来几年内，公司不能很好的挽留人才、招贤纳士，注入新鲜血液，苹果公司的江湖地位将会岌岌可危了。

其五，公司声誉受损。声誉对一个公司来说是重中之重。但苹果公司总是接二连三地招惹上官司，从与中国唯冠的 iPad 商标之争到电子书反垄断诉讼，与三星的专利纠纷、与 HTC 的专利瓜葛、在澳大利亚的 4G 网络事件，还有2012年在意大利因质保问题而遭罚款，以及2014年因“窃密门”而遭集体诉讼等等，苹果公司一直深陷法律泥潭，公司声誉也因此受损。

其六，快速的产品周转率及较低的库存水平和应收账款规模为苹果公司带来巨量现金流。按照当前的发展速度，苹果公司手握2 000亿美元的现金将指日可待，持有现金也是苹果公司创始人乔布斯的个人意志体现。在经济不景气的情况下，持有现金资产当然是比较好的资产保值增值的手段。但现金流过于充足，在财务管理学里有另外一种叫法：资金闲置率过高，反映一家企业的主营业务增长缺乏后续动力。对于苹果公司这样一个以创新为最大增长点的企业来说，公司高额的现金是用于分配股利、还是进行投资并购，或其他用途？这可能是苹果公司高管层最费心思并需要开始着手解决的一个重大问题。

目前，苹果已经成为了史上最成功、最具创新力的科技企业之一，公司依靠自己强大的产品线吸引了无数粉丝，并使其他竞争对手始终只能望其项背。乔布斯的完美主义成就了苹果公司，而现在的后乔布斯时代，苹果公司已经从“个人英雄”时代过渡到了“伟大企业”时代。我们期待这个伟大的企业能为人类创造出更多伟大的惊喜。

# 故事二：打造互联网生态圈——谷歌

## 一、谷歌公司的品牌故事

在全球著名品牌咨询公司 Interbrand 公布“2014 年全球企业品牌价值排行榜”（Best Global Brands）上，谷歌公司（Google Inc.）凭借 1074.39 亿美元的品牌价值名列第二，仅次于苹果公司。

1998 年 9 月 7 日，拉里·佩吉（Larry Page）和谢尔盖·布林（Sergey Brin）在斯坦福大学的学生宿舍内以私有股份公司的形式创立了谷歌公司。2004 年 8 月 19 日，谷歌公司的股票在纳斯达克（Nasdaq）上市。上市十余年来，谷歌公司股票一直受到华尔街分析师的青睐，在市场价值大幅上涨的同时保持较低的市盈率。作为全球最大的搜索引擎，谷歌公司是在世界范围内用户最多、影响最广的公司，在美国《财富》杂志发布 2013 年美国“最适宜工作的 100 家公司”排行榜上蝉联冠军。

谷歌公司总部位于加利福尼亚山景城，在全球各地设有销售和工程办事处，其网络信息服务、硬件产品、操作系统和娱乐生态环境等产品地毯式渗透于现代人生活的方方面面。2013 年 3 月，谷歌公司还进军电商行业，推出购物快递服务。谷歌公司的产品和服务努力做到“确解用户之意，切返用户之需”，为所有用户提供更高标准的产品和服务。

作为网络公司的先锋和代表，谷歌公司庞大的数据中心是最具价值的网络资源；其日进斗金的商业模式更是网络公司魅力所在。破解谷歌公司在十多年的时间内达到惊人增长的密码，需要详细研究谷歌公司隐藏于数据丛中的财务故事。

## 二、谷歌公司的财务报表分析①

### （一）并购带来增长

表 1　　财务报表主要数字　　单位：百万美元

| | 2010 | 2011 | 2012 | 2013 | 2014 |
|---|---|---|---|---|---|
| 现金及短期投资 | 34 975 | 44 626 | 48 088 | 58 717 | 64 395 |
| 资产总额 | 57 851 | 72 574 | 93 798 | 110 920 | 131 133 |
| 总资产增长率 | | 25.45% | 29.24% | 18.25% | 18.22% |
| 营收 | 29 321 | 37 905 | 50 175 | 59 825 | 66 001 |
| 营收增长率 | | 29.28% | 32.37% | 19.23% | 10.32% |
| 税后利润 | 8 505 | 9 737 | 10 737 | 12 920 | 14 444 |
| 净利润增长率 | | 14.49% | 10.27% | 20.33% | 11.80% |
| 运营活动所产生现金 | 11 081 | 14 565 | 16 619 | 18 659 | 22 376 |
| 投资活动所产生现金 | －10 680 | －19 041 | －13 056 | －13 679 | －21 055 |

① 谷歌公司的财务年度是日历年度。本文研究样本是谷歌公司 2010～2014 年共 5 份年报。

从资产负债表上看，截至 2014 年 12 月 31 日，谷歌公司账面资产突破了千亿美元大关，接近 2010 年资产规模的 3 倍。并购是谷歌公司发展过程中的“加速器”，即公司规模扩张源于其频繁的并购。谷歌公司选择并购对象对其原有业务或即将开发的业务进行整合，打造成一个完整的产品生态系统。现在，谷歌不仅是互联网公司，更是生态系统公司，产品包括软件、操作系统和硬件，通过提高互联网生态系统体验来吸引系统支持者和用户。谷歌的收入来源——广告就是主要依赖公司的互联网生态系统提供的广大受众和精准定位。数字化变革没有边际，谷歌生态系统的扩张也没有边界。谷歌在互联网、软件、操作系统领域都已经或即将成为全球行业龙头，但硬件产品还是其短板环节，这会对消费者体验造成影响。谷歌因此积极布局硬件创新，并开创了消费电子的谷歌王朝。谷歌公司已收购 120 多家企业，最大的一桩是 2011 年 8 月斥资 125 亿美元收购移动设备制造商摩托罗拉移动，此次收购也意味着谷歌首次将目光瞄向了自己并不熟悉的硬件领域。在无边界扩张的过程中，谷歌在搜索、电子邮箱、地理信息、浏览器等领域已成为市场领导者。在传统硬件领域，纯粹谷歌体验的 Nexus7 平板已成为主流产品，Nexus4 手机卖到脱销。谷歌在整个生态系统的深远布局构筑了其他厂商无法比拟的核心竞争力。谷歌强大的数据库平台和算法将消费电子的智能性带入新的台阶，强大的硬件设计和元器件整合能力则大大提高便携性和交互友好性。谷歌眼镜打破传统消费电子创新和扩张的边界，开创了可穿戴设备的先河，实现了对科学技术的商业化的拓展。谷歌还正在向服装、配饰、汽车等领域扩张。谷歌生态系统无边界，硬件的创新和扩张也没有边界。谷歌在未来可能会给消费电子行业带来更胜于苹果的翻天覆地式变化。谷歌产业链将是未来几年电子行业的最重要投资方向，很多公司都将受益（或者受损）于谷歌的无边界扩张，并将充分体现在未来的成长和业绩上。但随着规模的日益壮大以及业务范围的不断扩张，公司已经从一家单纯的搜索引擎企业成长成为业务范围涉及众多领域的科技巨头，包括移动、社交媒体、云计算、数字音乐销售等等，有人担心谷歌会患上“巨人症”，陷入反应迟钝、缺乏创新的境地。

从利润表上看，谷歌公司2010～2014财年的营业收入从293亿美元上升到近660亿美元，5年内增长两倍多，但增速逐年放缓。由于谷歌将大量资本投入到各项业务，包括无人驾驶汽车、谷歌眼镜、气球联网计划等，从而导致开支加大、营收增速放缓。谷歌一直在营收增长和项目投资之间找平衡。在投资上既乐观，也谨慎。与营收上涨相对应的是，谷歌公司同期的净利润率从30%降到20%，呈逐年下降的趋势。原因之一是由于新产品Nexus7的发布，导致2012年度营销费用激增，拖累了净利率；原因之二是虽然并购成就了谷歌公司的持续发展，但同时也是其发展路上的一个障碍。谷歌的净利润率大幅下降还与收购摩托罗拉移动有关，2012年度与收购摩托罗拉移动有关的重组和相关支出总额为3.49亿美元，远高于该业务带来的收入。但谷歌公司创始人信奉这样的理念：允许人们失败。尽管在并购扩张过程中会花费大量时间和金钱，但也正是多年来诸如此类的实践和探索，才确立了谷歌今天的地位。

从现金流量表上看，截至2014年末，谷歌公司持有的现金和短期投资总额为644亿美元，公司员工的人均现金流位列全世界第一。然而，谷歌公司绝大多数现金储备的年化收益率不到1%。对谷歌股东而言，现金储备收益率过低是一个问题，因为这些现金可能会得到更高的投资回报，持有现金的机会成本过高。所以投资者建议谷歌公司把部分的现金储备返还给公司股东，但谷歌公司一直辩解称，公司账面上必须有充足的现金，能让公司保持敏捷性，能够与其他反应快速的科技公司进行竞争。即高额的现金储备能保证其在扩张并购过程中的“突袭的战略能力”，如2011年动用125亿美元收购摩托罗拉移动。与苹果持有1 500亿美元现金遭到了投资人的详查、面临着把更多现金返还给投资人的压力不同，谷歌公司定期将现金使用情况的综述提交给公司董事会，确保现金托管符合股东的最佳利益。从报表上看，产生于经营活动的巨量现金流支撑了其投资创新活动的现金需求。近年谷歌公司不断推出创新产品，如GoogleNow、谷歌眼镜等产品都代表了人类与技术互动的新范式。市场上有戏言：苹果公司活在当下，谷歌公司投资未来。

## （二）安全成就实力

表2　　偿债能力指标　　单位：百万美元

| | 2010 | 2011 | 2012 | 2013 | 2014 |
|---|---|---|---|---|---|
| 流动比率 | 4.16 | 5.92 | 4.22 | 4.58 | 4.80 |
| 库存 | 0 | 35 | 505 | 426 | 0 |
| 速动比率 | 4.16 | 5.92 | 4.18 | 4.55 | 4.80 |
| 资产负债率 | 20.07% | 19.88% | 23.54% | 21.29% | 20.31% |

从偿债能力指标上看，谷歌公司流动比率、速动比率和资产负债率都处于极度安全的区域。2010～2014财年，谷歌公司的流动比率高达4～6倍，远远超过了人们对流动比率的预警设置，而且流动资产中主要是流动性极强的现金及短期投资。由于现金充足，加上网络公司的经营特征，谷歌公司在2011年以前几乎没有存货，只是2012年才因为推出收购摩托罗拉及开发系列产品才出现存货，因此其流动比率与速动比率几近相等。

谷歌保持极度自由的资本结构，这也是公司非常有名的财务经验之一，具体表现为只有20%的较低水平的资产负债率。公司保持如此自由的资本结构是为了保持战略灵活性，为此不惜付出机会成本。在股权内部结构安排上，谷歌公司还做到同股不同权，原始股（B股）有10倍于公开交易股票（A股）的投票权，且A股不得兑换B股，B股则不能交易，只能兑换成A股才可出售，保证了创始团队的控制权。

## （三）高效支撑福利

表3 营运能力指标

| | 2010 | 2011 | 2012 | 2013 | 2014 |
|---|---|---|---|---|---|
| 存货周转率 | | 376.80 | 40.60 | 60.62 | |
| 应付账款周转率 | 21.57 | 22.43 | 10.19 | 10.53 | 14.76 |
| 应收账款周转率 | 5.86 | 6.14 | 5.84 | 6.37 | 5.71 |
| 流动资产周转率 | 0.71 | 0.72 | 0.83 | 0.82 | 0.82 |
| 固定资产周转率 | 2.49 | 2.63 | 2.84 | 2.51 | 2.02 |
| 总资产周转率 | 0.51 | 0.52 | 0.53 | 0.54 | 0.50 |

高福利、高薪酬，再加上贴心的人文关怀，如此梧桐树，必招金凤凰。在人才市场上，成为谷歌的一员并为其甘效犬马之劳是很多人的梦想。支撑高福利的是公司高效的经营效率。虽然存货周转率是衡量企业营运能力的一个重要指标，但由于谷歌公司业务的特殊性，其资产负债表上长期没有存货金额，即使2012年报表中开始出现了5亿美元的库存，但这个金额与公司高额的营收相比，只能算是九牛一毛，所以2011年以前谷歌公司的存货周转率几乎没有计算的意义。2012年开始，谷歌公司推出的系列产品，如谷歌眼镜、智能手机等等，开始出现了趋稳的存货周转率。谷歌公司2010～2014财年的应收账款周转率为6次/年左右，能在营收规模不断上涨的情况下维持稳定并缓慢加快的应收账款周转率，这也从另一个方面说明谷歌公司产品的市场规模不断在扩大。谷歌公司的总资产

周转率均在0.5左右，说明公司的全部资产两年时间周转一次。作为总资产规模极大的一个公司帝国来说，高达0.5的总资产周转率足以说明谷歌公司强劲的营运能力。

为了实现高效率目标，谷歌一直在孜孜不倦地追求技术创新，突破现有技术的限制，随时随地为人们提供快速准确而又简单易用的搜索服务。谷歌公司总结的十条谷歌真理是企业创利的强大武器：

1. 以用户为中心，其他一切纷至沓来。虽然很多公司主张客户利益优先，但难以抗拒各种诱惑，往往会牺牲客户的少量利益来增加股东价值。创建伊始，谷歌即以提供最佳的用户体验为其中心任务。为此，谷歌公司的一贯态度是：如果所做的更改不会给网站访问者带来任何优势，则将坚定不移地予以拒绝。谷歌始终秉持着用户第一的理念，因而从网上赢得了最忠诚的用户群体。可见，谷歌公司用户群体的增长并不是通过电视广告活动，而是通过用户的交口称颂来实现的。

2. 最好的方式是将一件事情做到极致。谷歌做的就是搜索引擎。拥有世界上最大的研发队伍之一，心无旁骛地攻克搜索问题，谷歌公司始终知道自己擅长什么，也知道如何可以做得更好。通过持之以恒地对难题进行反复的探索，谷歌始终能够解决复杂难题，并不断地改进，被公认为互联网上为数百万用户提供快捷、完美的信息搜索体验的最佳服务。得益于努力改善搜索服务，谷歌公司将掌握的知识应用于开发新产品，其中包括Gmail、谷歌桌面和谷歌地图。谷歌的愿望是将搜索的强大功能应用于以前未曾探索的领域，并帮助用户提供更便捷的访问和不断扩展的信息。

3. 快比慢好。谷歌相信瞬间带来的喜悦。用户需要解答的时候，是希望马上会得到解答的。谷歌可能是世界上唯一一个努力让其用户尽快离开自己网站的公司。谷歌执着地消减自己网页上的每一个多余的比特和字节，不断地提高服务环境的效率，并一次次地打破自己创造的速度记录。

一般人认为大型服务器是处理海量数据的最快捷方式，但谷歌却发现联网后的个人计算机速度更快。在他人已接受搜索算法所决定的明显速度限制时，谷歌却写出了新的算法，证明了速度无限的真理。谷歌一直在不断地努力，让速度再快一点。

4. 网络需要民主的作风。谷歌的成功之一是它能根据数以百万计的向网站发布信息的用户来确定哪些网站提供的内容具有价值。谷歌不依赖一组编辑人员或仅仅根据某个词汇出现的频率来为每个网页评级，而是采用一项突破性技术，即 PageRank™。PageRank 对一个网页所链接的所有网站进行评估，为它们分配一个值（在一定程度上参照了与相应网站链接的网站）。通过分析网络的整体结构，谷歌可以很快确定哪些网站被最对其信息感兴趣的用户"投票"评为最佳信息来源。随着网络规模不断增长，该技术也会不断地得到改善。

5. 不必坐在台式机前也能获得所需的答案。世界的流动性越来越强，人们很难再局限于一个固定的角落，而且越来越希望随时获得所需的信息。谷歌在这一领域开发了多种创新技术，从具有上网功能的手机以及即时转换系统（将以 HTML 格式编写的网页转换为手机浏览器可以读取的格式）上查找数据时，大大减少键击次数。借助于这一系统，人们能够从原先不能显示网页内容的设备上打开数十亿个网页，以查看网页内容。尽管搜索引擎在任何地方都可以帮助用户找到所需的信息，但谷歌仍然在不断地探索新技术和提供新的解决方案。

6. 可以通过正当途径赚钱。谷歌作为一个互联网企业，通过以下两种方式来获取收入：向其他公司提供搜索技术；向广告客户提供在谷歌或网络的其他网站上刊登广告的服务。然而，除非广告与所显示的搜索结果页内容相关，否则谷歌不允许在搜索结果页上展示任何其他的广告。因此，只有某些搜索才会在搜索结果的上方或右侧显示赞助商链接。谷歌坚信，仅当广告与用户要查找的内容相关时，才会为用户提供有用的信息。谷歌同样也证明了广告不必过分渲染也能够切实有效。谷歌不接受弹出式广告，因为这会干扰用户查看所请求的内容。事实上，如果文字广告的内容与其读者相关，所带来的点击率要比随机显示的广告高得多。谷歌的优化小组还与广告客户合作，以提高广告系列在有效期内的点击率。因为点击率越高，表明广告与用户感兴趣的内容的相关性越高。任何广告客户，无论其规模大小，都可以利用这一针对性强的媒介：他们既可以通过自助式广告服务计划在数分钟内在线投放广告，也可以在谷歌广告服务代表的帮助下发布广告。而且，在谷歌网站上刊登的广告都会明确地标记为“赞助商链接”。此外，不损害搜索结果的完整性是谷歌的核心价值观。谷歌搜索从不操纵排名位置来将合作伙伴放在搜索结果中排名较高的位置，没有人能够购买更高的网页评级。因此，用户信赖谷歌的客观公正性，任何短期利益都不能够构成破坏谷歌公司这种信任的理由。

7. 信息始终在不断地累加。当谷歌索引中包含的互联网上的 HTML 网页超过任何其他搜索服务之后，谷歌的工程师开始将精力转到那些不太容易获得的信息上。有的只是合并新数据库的问题，如添加电话号码、地址查询以及企业目录；有的却需要更多的创造性工作，如增添可搜索超过 10 亿张图片的功能，或增添对原始格式为 PDF 文件的网页进行查看的方式。为了满足无线用户的需要，谷歌开发了一种独一无二的技术，可将 HTML 格式的文件转换为移动设备可读取的格式。谷歌的研究人员将持续不断地探索新的方式，将全球范围内的所有信息提供给寻找答案的用户。

8. 对信息的需求超越了国界。尽管谷歌的总部位于加利福尼亚州，但其宗旨是帮助全世界的用户获得所需的信息。为了实现这一目标，谷歌维护着十多个互联网域；在谷歌所提供的搜索结果中，超过一半提供给美国境外的用户。用户可以根据自己的喜好，从谷歌支持的 35 种语言中任选一种来展示搜索结果。此外，谷歌还提供翻译功能，无论用户的母语是哪种语言，都可以搜索到所需的内容。所以，不喜欢使用英语搜索的用户可以将谷歌界面自定义为大约100种语言中的任意一种。为了更快地补充新语种，谷歌还提供翻译服务，谷歌网站上提供了供翻译使用的自动工具。这一流程大大改善了为用户（甚至位于地球上最偏远角落的用户）提供的服务的种类和质量。

9. 没有西装革履也一样严肃认真。谷歌的创始人一再声明公司所重视的是搜索服务。他们创建公司的理念是工作应具有挑战性，而挑战可以带来乐趣。正是由于这一点，谷歌的企业文化不同于其他公司，不仅因为谷歌公司总部到处都有熔岩灯和大橡胶球。同样，对于在线服务，谷歌始终将用户放在首位；而对于日常生活，谷歌将自己的员工放在首位。谷歌重视团队的功绩，并为个人的成就而倍感自豪，这些都促成了公司的全面成功。新想法经过交流和试验，然后以惊人的速度投入实际应用。其他公司的会议可能会占用几个小时，而在这里通常只不过是在排队购买午餐时的一次聊天，写代码的人和写检查程序的人之间不存在任何屏障。这种畅所欲言的环境提高了员工的工作效率，并促进了员工之间的友爱，而这种氛围又因肩负数以百万计的人们对谷歌搜索结果的信赖而进一步加强。为希望作出重大贡献的人员提供适当的工具，他们定然不负您的期望。

10. 只是优秀还不够。谷歌不会将最好视为终点，而是看作一个新的起点。通过创新和反复探索，谷歌选择行之有效的技术，并以异乎寻常的方式不断进行改进。搜索对于拼写正确的文字没有问题，对于拼写错误的文字会怎样呢？谷歌的工程师透视用户的需求并相应地开发错别字改正程序，就像知道用户在想什么一样。尽管谷歌的客户群体数以百万计，谷歌仍然能够迅速找到发生冲突的位置，随时加以解决。但是，谷歌与众不同的一点，就是在全球用户还未明确意识到自己的需求之前为其作出周密考虑，并开发出富于创新的工具和产品来满足他们的需要。这种永不满足现状的态度就是深藏在世界上最佳搜索引擎背后的终极驱动力量。

## （四）研发保证盈利

表 4 盈利能力指标

| | 2010 | 2011 | 2012 | 2013 | 2014 |
|---|---|---|---|---|---|
| 销售毛利率 | 64.47% | 65.21% | 59.13% | 56.83% | 61.65% |
| 研发占营收比 | 12.83% | 13.62% | 13.14% | 13.22% | 14.90% |
| 销售净利率 | 29.01% | 25.69% | 21.50% | 20.42% | 21.10% |
| 总资产净利率 | 14.70% | 13.42% | 11.45% | 11.65% | 11.01% |
| 权益净利率 | 18.39% | 16.75% | 14.97% | 14.80% | 13.82% |

从盈利能力上看，谷歌公司强劲的盈利能力一直引起全世界的瞩目，其中广告盈利是主要盈利模式。2010～2014 财年谷歌公司的销售毛利率均在 60% 左右，这一指标甚至明显高于科技巨头苹果公司。需要指出的是，即便在这样的销售毛利率光环下，在谷歌公司的所有产品中还有 47 个产品没有为公司及其股东带来任何收益。与利润快速增长相对应的是，谷歌公司的研发支出比非常高，本文研究样本期间其研发支出占销售收入的 13%～15% 左右，且呈不断小幅增长的趋势。正是由于如此高昂的研发支出才成就了全球最大搜索引擎的谷歌帝国。此外，谷歌公司成本控制方面的作法令对手不寒而栗。根据美国税法，美国公司的海外利润要缴纳 25%～35% 的税，而谷歌公司每年支付的税率只有 2.4%。其秘密就是灵活利用转移价格的避税高招，通过注册不同的离岸公司作为子公司，再利用不同的子公司之间倒账，将收入转到低税率的避税天堂，将支出转到高税收的国家和地区。谷歌公司所售出是知识产权，而知识产权难以定价，也没

有统一的计税公式可以套用，公司借助不同国家的税收差异达到节税目的。

## 三、结束语

综上所述，谷歌公司的财务实力可以总结为快速增长的规模、安全的资本结构、高效的资金管理和可观的盈利能力。现在，谷歌每个季度的自由现金流都高达30亿美元，而且仍在以每年20%的速度增长；谷歌仍然主导搜索行业；谷歌的安卓系统是全球第一大智能手机平台，旗下的YouTube仍是世界头号视频网站。可以说，谷歌已经达到巅峰状态。然而，到达巅峰后，走下坡路似乎就在所难免。

其一，快速扩张过程中的风险。在完成对摩托罗拉移动的收购后，谷歌公司的利润率有所下降。谷歌公司凭借着简单易用的网站改革了网络搜索市场，但现在谷歌公司先后进军了电视、安卓手机系统和音乐销售领域，使得投资者越发难以看清谷歌公司；谷歌公司是否拥有足够清晰的创收战略？能否从安卓和Google+等一系列新项目中获得增长？

其二，盈利的可持续性。谷歌仍是“一招鲜，吃遍天”，过度依赖搜索广告这项单一收入来源。公司约有三分之二的毛营收源自谷歌的网站，大部分利润仍然来自搜索广告。其余盈利还有Google+社交网络、安卓智能手机操作系统、斥资16.5亿美元收购的视频网站YouTube。安卓已经成为全球第一大智能手机操作系统，超过了苹果智能手机所使用的iOS。YouTube每天的视频观看量达到40亿次，而Google+的注册用户也已经达到9 000万。但现在还难以判断，谷歌公司最终能通过广告等渠道从这些基本免费的服务中获得多少收入，而且很多新业务并不像谷歌公司主导的搜索广告市场那样利润丰厚。要保持增长，谷歌公司就需要获取更多的内容，以便通过广告赚钱，尤其是当科技版图和消费者的上网习惯不断变化时，他们试图在社交媒体和电视领域再续辉煌，但这项战略的执行成本非常高。为了获取新的内容，需要投入巨资建设或购买平台，这些都对谷歌公司的利润构成了压力。现在，很多谷歌的用户转向其他地方寻找产品信息。谷歌的替代品越来越多，流行度也在与日俱增。

谷歌曾伴随一代人的成长，而且谷歌现在发展势头迅猛，但互联网世界的竞争对手越来越多，谷歌公司面临的未来互联网市场的硝烟必定会更加弥漫。

# 故事三：越变越“硬”的微软

## 一、微软的品牌故事

Microsoft

微软公司是全球领先的个人及商务软件开发商，世界计算机软件开发的先导。在全球著名品牌咨询公司 Interbrand 公布“2014 年全球企业品牌价值排行榜”（Best Global Brands）上，微软公司（Microsoft Inc.）凭借 611.54 亿美元的品牌价值名列第五，在科技公司中排名第三。

1975 年，大学三年级的 19 岁的比尔·盖茨从世界级学府哈佛大学退学，和他的高中校友保罗·艾伦搬到阿尔伯克基，利用他们从 BASIC 项目上拿到的版权费，在当地一家旅馆房间里创建了“Micro - soft”（微型软件）公司。从此以后，比尔·盖茨把全部精力投入到了自己喜欢的事业。1979 年，Micro - soft 公司关闭。同年，盖茨将公司迁往西雅图，并将公司名称改成了“Microsoft”（也就是现在的“微软”）。

1977 年，微软公司搬到华盛顿州的雷德蒙德市，开始开发 PC 机编程软件。1980 年，IBM 公司选中微软公司为其新个人电脑编写关键的操作系统软件，微软公司给IBM提供MS-DOS操作系统，这是微软公司发展中的一个重大转折点。IBM-PC机的普及使MS-DOS取得了巨大的成功。随着微软公司的日益壮大，微软与IBM已在许多方面成为竞争对手。1991年，由于利益的冲突，IBM公司和苹果公司解除了与微软公司的合作关系，但此后IBM与微软事实上的合作关系从未间断过，两个公司保持着既竞争又合作的复杂关系。随着微软公司的发展壮大，公司创始人比尔·盖茨成为个人电脑产业中的第一位亿万富翁，1998年其个人财富超过了500亿美元，并在此后多年成为理所当然的全球首富。

如今，微软公司已经成为全球领先的个人及商务软件开发商，公司通过软件和服务帮助用户实现信息交流和数字生活管理，通过丰富的商务应用和娱乐体验使个人和企业充分发挥潜力。作为一家软件平台厂商，微软公司下设5个部门：客户事业部、服务器与开发工具事业部、在线服务业务事业部、微软商务应用事业部和微软娱乐和设备事业部。微软提供Windows平台、服务器和工具，通过商业解决方案，帮助企业提高其整体竞争力，开发新的数字化家用技术和娱乐方式，促进移动计算机和嵌入式装置的发展。其中，Windows操作系统（中文翻译为“视窗”）是微软公司最著名的产品，它占据了全世界几乎所有个人电脑的桌面。微软还为各种计算机安装设备驱动程序提供一系列软件产品的开发、制造、授权和支持，销售XBOX游戏、游戏控制台及Zune数字音乐播放器等。

我们每天面对的电脑桌面，全球首富旗下的产业，这本身就是一个值得玩味的精彩故事，其财务故事之精妙，必定会动人心弦。

# 二、微软公司的财务报表分析[①]

## （一）轻资产的现金牛

表1　财务报表主要数字　单位：百万美元

| | 2010/11 | 2011/12 | 2012/13 | 2013/14 |
|---|---|---|---|---|
| 现金及短期投资 | 52 772 | 63 040 | 76 775 | 85 465 |
| 流动资产总额 | 74 918 | 85 084 | 101 466 | 114 246 |
| 固定资产 | 17 991 | 19 231 | 22 504 | 27 804 |
| 商誉净额 | 12 581 | 13 452 | 14 655 | 20 127 |
| 无形资产净额 | 744 | 3 170 | 3 083 | 6 981 |
| 资产总额 | 108 704 | 121 271 | 142 431 | 172 384 |
| 总资产增长率 | | 12% | 17% | 21% |
| 固定资产占总资产比 | 17% | 16% | 16% | 16% |
| 无形资产占总资产比 | 12% | 14% | 12% | 16% |
| 现金占总资产比 | 49% | 52% | 54% | 50% |
| 营收 | 69 943 | 73 723 | 77 849 | 86 833 |
| 营收增长率 | | 5% | 6% | 12% |
| 净利润 | 23 150 | 16 978 | 21 863 | 22 074 |
| 净利润增长率 | | -1% | -22% | 36% |

从资产负债表上看，截至2014年6月30日，微软公司账面资产高达1 724亿美元。其中，在公司的总资产中，固定资产原值只占全部资产的

① 微软公司的财务年度为每年的7月1日至次年6月30日。本文研究样本是2010/11财年至2013/14财年的共4份报表。

16%，扣除折旧后的固定资产净值占全部资产的比重则仅为7%，属于名副其实的“轻资产”公司。相比之下，商誉及其他入账的无形资产占全部资产比重高达12%～16%，且呈上升趋势。由此可见微软公司属于典型的以知识为基础的行业（Knowledge-based Industry）。这种以知识为基础的行业、公司退出门槛低，自由选择权高。仔细研究微软公司的资产负债表明细资料可知，微软开始变得越来越“不软”，公司正在朝着“变硬”或“软硬结合”的战略方面发展。固定资产原值逐年呈快速上升趋势，从2011年的180亿美元上升到2014年的280亿美元，上涨幅度为55%。此外，长期投资账面金额也上升了近50%，从108亿美元上升至146亿美元。近年来微软公司的并购活动十分频繁，其中2013年9月收购诺基亚设备与服务部门这一新闻最为引人关注。这一次收购与以往不同，以前的收购对象都是软件公司，如1999年收购设计绘图软件公司Visio、2000年收购Bungie软件和会计软件公司GreatPlains、2002年收购会计软件公司Navision和英国游戏开发商Rare、2003年收购虚拟会议服务公司Placeware、2005年收购点对点协作软件Groove、2007年收购广告软件服务aQuantive以及2008年收购企业搜索专家Fast。2014年收购诺基亚时，微软向诺基亚支付37.9亿欧元，另外支付16.5亿欧元购买诺基亚专利资产，共计54.4亿欧元，约合71.7亿美元。根据双方协定，微软将获得诺基亚的设备与服务部门，包括移动手机、智能设备业务以及设计团队，运营所有与诺基亚设备和服务相关的生产设备、市场营销、技术支持。目前，诺基亚主要拥有设备与服务、Here地图和网络设备三大业务部门，而设备与服务部门主要负责手机业务。收购完成后，微软将完全接手诺基亚的智能设备业务部门，包括Lumia品牌和全部产品。诺基亚在移动电话方面的专利积累、硬件领域生产技术，以及全球供应链管理、质量管理及硬件售后服务的经验与资源，对于微软实施移动转型价值巨大。如果被收购后能和微软现有的 Windows 和 WindowsPhone 生态顺利整合，将极大地促进 Windows 和 WindowsPhone 生态系统进一步推广。微软收购诺基亚后，围绕诺基亚展开全面加速移动战略转型。通过一系列收购整合，微软成功从一个软件公司变成一个以“硬件 + 软件”的融合形式构建核心竞争力的公司，并逐渐将 Windows 软件和服务从个人电脑端向移动端转移。微软的最终目标则是获得更多移动互联网市场份额，并赶超谷歌和苹果。

从利润表上看，微软公司 2010 年 7 月 1 日 ~2014 年 6 月 30 日四个财年的收入从 700 亿美元上升至 868 亿美元，净利润则徘徊在 220 亿美元的水平。在 PC 销量下降的情况下微软仍然能保持营收增长，但利润则处于徘徊状态。微软公司从以下 5 个基本方面来获取营收：Windows 业务、微软商业部门、微软服务器、工具产品娱乐与设备部门以及在线服务，其中，Windows 业务依旧支撑着微软营收。但由于投入更多资金营销 Windows 系统，吸引平板电脑和智能机用户，加之 Windows PC 份额遭到苹果和谷歌移动产品的侵蚀，微软公司的利润增长乏力。

从现金流量表上看，微软公司 2010 年 7 月 1 日 ~2014 年 6 月 30 日四个财年现金及等价物从 527 亿美元至 854 亿美元，金额巨大且呈上涨趋势。微软公司财报显示资产总额中的现金含量高达 50% 以上，是一只十足的“现金牛”，表明其具有无与伦比的财务弹性。作为美国现金最充足十家公司之一，微软正在朝着“变硬”或“软硬结合”的战略方面发展，体现为一系列的并购活动，如 2013 年出手参与戴尔的私有化，以及 2013 年 9 月收购诺基亚，而雄厚的现金持有量是公司大量并购活动的资金保障。与微软被外界所熟知的软件和硬件业务相比，其智能楼宇和城市项目相对低调了许多。但正是这一低调的业务，却可能会引领着未来人类生活的方向。现在，微软的整体战略主要围绕四个方面：云计算、大数据、移动和社交。“智慧城市”的应用则同时体现这四个战略的实践。微软的

"智慧城市（Citynext）"项目谱写了一个软件业巨头让科技描绘未来的梦想。"智慧城市"已经成为微软转型互联网公司之路中最重要策略之一。微软公司设计的智慧城市模型遵循"以人为本"的原则，试图把可用资源（包括能源、教育、交通、城市安全等）最大化。除了城市以外，"智慧城市"模型还适用于大学、企业等其他主体。当地方政府对某一个概念、某一个项目或者某一个具体对策有兴趣时，微软就会和其他合作伙伴提供解决方案，引导该地经济增长、提供更优质的公共服务和更高效的城市管理等。微软在引领城市迈向下一步更加智慧化的发展过程中，配合城市管理者，通过推动科技应用帮助城市发展。有些城市的发展愿景不完全和科技相关，而是有其特殊的政策目的；当然也有些城市对科技创新非常感兴趣。微软帮助不同的城市选择成本效益最高的方法来改造城市。随着大数据和移动社交逐渐渗透到城市管理中，今后城市社区会进一步向互联网社区靠近，比如市民们可以有不同权限等级通过移动端访问不同的公共服务，还可以上传数据到云平台供进一步分析。如果再加上社交因素，城市未来的发展趋势会更加协作化，更多的市民将在城市管理中扮演更加重要的角色，这是一个城市和市民都拥有的机遇。自从 2013 年 7 月 10 日微软在全球合作伙伴大会上推出了"智慧城市"计划后，微软公司已经发布了 100 多个全球智慧城市案例。目前，全球已经有 200 多家合作伙伴提供基于微软平台的智慧城市解决方案。参与合作的城市管理者们对有如此众多的合作伙伴感到满意。同时，合作伙伴的数量还在增长，全球有志于建设"智慧化"的城市数量也在增长，这些都蕴藏着巨大的机遇。微软公司为不同的城市提供技术，帮助城市实现智慧化，同时与合作伙伴一起进行本地化合作。

## （二）挥动杠杆的艺术家

表 2　　偿债能力指标　　单位：百万美元

| | 2010/11 | 2011/12 | 2012/13 | 2013/14 |
|---|---|---|---|---|
| 流动资产总额 | 74 918 | 85 084 | 101 466 | 114 246 |
| 流动比率 | 2. 60 | 2. 60 | 2. 71 | 2. 50 |
| 速动比率 | 2. 56 | 2. 57 | 2. 66 | 2. 45 |
| 资产负债率 | 47% | 45% | 45% | 48% |
| 总资产净利率 | 21% | 14% | 15% | 13% |
| 权益净利率 | 41% | 26% | 28% | 25% |

2010 年 7 月 1 日 ~2014 年 6 月 30 日四个财年微软公司的流动比率均为 2. 5 甚至更高，维持如此高的流动比率，微软的做法是用大量流动资产的“存量”（截至 2014 年 6 月 30 日约 1 142 亿美元）来应对可能的现金周转问题，这也是最正统、最安全的一种财务安排。与强劲的短期偿债能力相比，微软的长期资本结构却相当激进。长期和短期偿债能力安排堪称艺术级别。2010 年 7 月 1 日 ~2014 年 6 月 30 日四个财年微软公司的资产负债率保持在接近 50% 的水平。公司巧妙且艺术地充分利用了财务杠杆的放大效应，持续地为股东创造利润并提供投资回报，从这一点上讲，微软不愧为一位“挥动杠杆的艺术家”。股东投资价值的大小取决于单位投资额所可能提供的投资回报的大小。利润是公司得以建立并努力追求的目标，公司在没有负债的情况下，股东的权益报酬率（股东所投资的每一块钱所得到的回报）与公司的资产报酬率（公司每投入一块钱所产生的利润）是一致的。但是，现实中的公司运作很少出现这两个指标完全相同的情况。2010 年 7 月 1 日 ~2014 年 6 月 30 日财年微软公司的资产报酬率是

权益报酬率一半。很显然，公司提供给股东的回报要远高于资产回报率，而究其原因就在于财务杠杆对公司权益报酬率的放大作用。

## （三）老少配的新未来

表 3　　营运能力指标

| | 2010/11 | 2011/12 | 2012/13 | 2013/14 |
|---|---|---|---|---|
| 存货周转率 | 11.35 | 15.42 | 10.45 | 10.13 |
| 应付账款周转率 | 3.71 | 4.20 | 4.19 | 3.62 |
| 应收账款周转率 | 4.67 | 4.67 | 4.45 | 4.44 |
| 流动资产周转率 | 0.93 | 0.87 | 0.77 | 0.76 |
| 固定资产周转率 | 3.89 | 3.83 | 3.46 | 3.12 |
| 总资产周转率 | 0.64 | 0.61 | 0.55 | 0.50 |

存货周转率长期以来是一个无需微软重视的财务指标，因为微软账面存货不足全部资产的1%～2%，与巨大的营收相对应，自然而然会生成较高的存货周转率。这种情况与微软公司的营业结构有很大关系，其营收和利润主要来自于 Windows 业务。2010 年 7 月 1 日～2014 年 6 月 30 日微软公司应收账款周转率为 4.5 次/年左右，总资产周转率则为 0.5～0.6 次/年，快速的资产周转源于微软目前的“轻资产”结构，固定资产较少，周转轻便。2013 年 9 月，38 岁的微软与 148 岁的诺基亚“老少配”式联姻，微软更加明确了未来“软硬结合”的战略方向。可以预知，上述各资产周转率会随着公司战略的调整而有所下降。这也注定微软未来要对资产周转率指标予以更多的重视。

## （四）最成功的营销家

表 4　　盈利能力指标　　单位：百万美元

| | 2010/11 | 2011/12 | 2012/13 | 2013/14 |
|---|---|---|---|---|
| 销售毛利率 | 78% | 76% | 74% | 69% |
| 经营费用 | 18 162 | 18 426 | 20 425 | 20 632 |
| 经营费用占营收比 | 26% | 25% | 26% | 24% |
| 研发占营收比 | 13% | 13% | 13% | 13% |
| 销售净利率 | 0.33 | 0.23 | 0.28 | 0.25 |
| 总资产净利率 | 0.21 | 0.14 | 0.15 | 0.13 |
| 权益净利率 | 0.41 | 0.26 | 0.28 | 0.25 |

微软公司的销售毛利率长期畸高，2010～2014 财年为 70%～80%，远远高于苹果公司的毛利率水平。微软公司的销售费用在总的成本费用中所占比例不大，而广告促销和研究开发费用才是微软的最重要成本费用项目。事实上，微软每年都会从销售收入中拿出 25% 用于广告促销，13% 用于研究开发活动，微软也曾因此被誉为"最成功的营销家"。2013 年 9 月，微软收购诺基亚后正式走上变硬的道路。收购诺基亚后，微软的硬件之路越来越清晰。虽然以前也有硬件业务，但都是由代工厂商生产，微软从来都没有自己掌控过"硬件制造"。收购诺基亚后，诺基亚在全球的 8 个生产工厂将为微软带来硬件的血液，微软才真正"硬"了起来。而且，诺基亚对微软而言，最有吸引力的就是生产硬件的资源和经验积累。然而，"硬件 + 软件"转型之后，微软曾经高企的毛利率却出现了急剧下降。从 2011 财年的 78% 下降到 2014 财年的 69%。可见，微软大力推进的"软硬结合"战略会压缩利润率，这也使得微软变硬之路遭遇了前所未有

的阻碍。向“设备+服务”转型的微软，在做硬件业务的同时不得不面对比软件产品低得多的毛利率。对于微软来说，公司在软硬件结合类设计、全球供应链、以及对移动市场的理解都是他们的弱点。扣除掉营销及研发费用后，2010年7月1日~2014年6月30日三个财年微软公司的销售净利率为从33%降至25%。同期，公司的总资产净利率从21%降为13%，权益净利率从41%降至25%，业绩下降趋势明显。很显然，公司提供给股东的回报是资产回报率两倍。究其原因就在于，公司充分地利用了财务杠杆的放大效应。由于负债对权益报酬率的放大作用，即使在经济处于不景气的情况下，微软都能给股东带来高于之前行业平均水平的投资回报率。

## 三、结束语

综上所述，微软公司的财务故事总结为固定资产占比少、现金充足、充分利用财务杠杆为股东创造财富、目前较快的资产周转率以及极高的毛利和股东回报率。微软变“硬”之路体现了微软多元化的投资战略。虽然毛利率在降低，但从微软股价一路飙升来看，华尔街投资者对微软的多元化战略是满意的。随着股价上涨，在2014发布的福布斯全球富豪排行榜榜单上，持有约4亿股微软股票的比尔·盖茨以760亿美元的身价阔别全球首富宝座四年之后，再次问鼎该排行榜榜首。

从报表看，当前微软的财务状况健康、良好，业务也非常不错，只是多元化后毛利率降低明显。但变“硬”的微软公司似乎比看上去要强大。因为，微软不再“仅仅是一家依靠Windows”的公司了。曾经微软是一家公认的“拥有数十亿美元的跨国软件公司”，但现在已具有除此之外的更多身份。现在微软已经拥有“一系列资产达数十亿美元的业务部门”，就目前来看，投资者似乎看到了这一事实：在消费者和企业不愿接受Windows8的同时，投资者仍然乐意将资金投往微软公司。而且，公司的净利润额也在一路飙升。即便Windows8销售拖累微软业绩，变“硬”之后毛利率水平不断降低，但微软财年业绩报告显示，微软营收从2011财年的700亿美元上升到2014财年的868亿美元，净利润也从2011财年的231亿美元降至2012财年的170亿美元，但2014财年回升到220亿美元的水平。而且截至2014年6月30日，微软拥有高达855亿美元的非常健康的现金及短期储备。

以前的软件帝国微软公司现在正围绕Windows进行多元化投资，打造共同的生态系统。随着微软在多个领域的涉足，人们重新开始以一家服务器、软件服务、云计算公司来关注微软。即使是微软最小的部门——娱乐和设备部门，也有乐观前景和预期。由于多元化战略的实施，使得变“硬”以后的微软公司获得好评如潮，公司的正能量已超过了十年前的微软。微软的高管也表示对公司所进行的多元化投资感到自豪。变“硬”后的微软也吸引越来越多的投资者和股东的密切关注，市场表现表明，他们对微软的多元化战略感到满意，他们正将更多资金投入到微软。大家都在押注一个越来越“硬”的微软公司，期待一个多元化的、软硬结合的新微软。

# 故事四：强敌环伺的英特尔

## 一、英特尔的品牌故事

英特尔公司是全球最大的半导体制造商，在芯片创新、技术开发、产品与平台等领域居于全球领先的地位，并始终引领着相关行业的技术产品创新及产业与市场的发展。在全球著名品牌咨询公司 Interbrand 公布“2014 年全球企业品牌价值排行榜”（Best Global Brands）上，英特尔公司（Intel Inc.）凭借 341.53 亿美元的品牌价值排名十二。

1955 年，被誉为“晶体管之父”的威廉·肖克利离开贝尔实验室创建肖克利半导体实验室并吸引了许多才华横溢的年轻科学家加入。由于但肖克利的管理方法和怪异行为引起员工的不满，导致了被肖克利称为“八叛逆”的罗伯特·诺伊斯、戈登·摩尔、朱利亚斯·布兰克、尤金·克莱尔、金·赫尔尼、杰·拉斯特、谢尔顿·罗伯茨和维克多·格里尼克联合辞职，并于 1957 年 10 月共同创办了仙童半导体公司。仙童半导体公司快速发展，但公司内部组织管理与产品问题也日趋失衡。

1968 年，仙童半导体公司的两位共同创办人罗伯特·诺伊斯（Robert Noyce）、戈登·摩尔（Gordon Moore）和企业家安迪·格鲁夫于美国硅谷以集成电路之名（Integrate Delectronics）共同创建了英特尔公司，为计算机工业提供关键元件，包括性能卓越的微处理器、芯片组、板卡、系统及软件等标准计算机架构的重要组成部分。1971 年，英特尔推出了全球第一枚微处理器，微处理器不仅带来了计算机和互联网革命，也改变了全世界。从微米到纳米，从 4 位到 64 位微处理器，从奔腾处理器到酷睿 TM，从硅技术、微架构到芯片与平台创新，英特尔不间断地为行业注入新鲜活力，并联合产业合作伙伴开发创新产品，制定行业标准，从而为世界各地的用户带来更加精彩的体验。

随着个人电脑普及，英特尔公司成为世界上最大设计和生产半导体的科技巨擘。为全球日益发展的计算机工业提供建筑模块。业界利用这些产品为最终用户设计制造出先进的计算机。英特尔公司致力于在客户机、服务器、网络通讯、互联网解决方案和互联网服务方面为日益兴起的全球互联网经济提供建筑模块。

英特尔一直坚守“创新”理念，根据市场和产业趋势变化不断自我调整。具有 40 多年产品创新和市场领导的历史、在世界 500 强中排名前列、全球信息产业的领导公司之一，这本身就是一部值得玩味的精彩故事。

# 二、英特尔公司的财务报表分析[①]

## （一）盈利遇拐点

**表1** **财务报表主要数字** 单位：百万美元

| | 2010 | 2011 | 2012 | 2013 | 2014 |
|---|---|---|---|---|---|
| 现金及短期投资 | 21 885 | 14 837 | 18 162 | 20 087 | 14 054 |
| 资产总额 | 63 186 | 71 119 | 84 351 | 92 358 | 91 956 |
| 总资产增长率 | | 13% | 19% | 9% | 0% |
| 营收 | 43 623 | 53 999 | 53 341 | 52 708 | 55 870 |
| 营收增长率 | | 24% | -1% | -1% | 6% |
| 净利润 | 11 464 | 12 942 | 11 005 | 9 620 | 11 704 |
| 净利润增长率 | | 13% | -15% | -13% | 22% |
| 运营活动现金 | 16 692 | 20 963 | 18 884 | 20 776 | 20 418 |
| 投资活动现金 | -10 539 | -10 301 | -14 060 | -18 073 | -9 905 |
| 融资活动现金 | -4 642 | -11 100 | -1 408 | -5 498 | -13 611 |

从资产负债表上看，截至2014年12月31日，英特尔公司账面资产高达900多亿美元，直逼千亿美元大关。样本期间公司总资产处于增加的趋势，虽然增加速度有所放慢。英特尔公司的战略是积极拓展新的销售领域和渠道，就像英特尔总裁说的："在全球领先的工厂是我们拥有的最大资本。"公司管理层坚信领先的产能优势是最重要的资产，可以帮助他们

① 英特尔公司的财务年度为日历年度。本文研究样本为英特尔公司2010～2014年的5份年报。

获得最低的单位成本。为此，公司花费巨额资本支出，探索未来的生产技术，2011 年度、2013 年度和 2014 年度投资活动使用的现金流出量都超过了 200 亿美元。为了在移动芯片市场上获得主导地位，英特尔不断加大投资力度，公司领导层认为无论市场规模如何，先进的制造工厂都是英特尔最大的资源，但这种过快的扩张速度会导致产能过大，产生极高的固定成本。一旦这些产能闲置，便会伤及利润，而且，增加产能会带来更低的利润率，且不能改变全球个人电脑市场的衰退趋势。

从利润表上看，英特尔公司 2011 ~ 2014 年度 4 个财年的年营业收入为 500 亿美元左右，净利润为 100 多亿美元，而 2012 年是公司营收和净利的拐点。在全球个人电脑市场近十年来首次出现负增长的情况下，作为芯片供应商的英特尔公司在 2012 财年也难逃营收和净利双双下滑的尴尬局面。个人电脑市场长期以来一直是英特尔公司的摇钱树，而手机和平板电脑制造商苹果和谷歌正以惊人的速度从个人电脑市场掠夺客户，个人电脑市场减小意味着英特尔利润降低。

半导体公司之间的实力比较不能仅从销售额，而更应该从拥有现金流的多少来考量，因为只有拥有足够多的现金才能进行兼并重组、研发及新产品开发。现金流充足的制造商在资本市场中相比于它的竞争对手会具有更高的价值。英特尔正是因为现金流丰厚、业绩靓丽，才取得了其无与伦比的市场地位。在全球众多领先的芯片制造商中，英特尔是销售额最大的公司，也是现金流最多的公司。本文样本期间内英特尔公司的现金及短期投资超过 150 亿美元，其中 2013 年年底高达 200 亿美元。公司经营活动产生的现金流入量大大超过投资活动产生的现金净流出量。可见，英特尔公司无需担心投资及研发资金问题。在巨额现金的使用上，英特尔完全能够保证研发投入所需要的资金，以确保企业一直处于行业领先者的水平以及持续不断的高水平利润增长。巨额的现金储备还有助于企业优化其自身的资本结构，通过派发股利、回购股票等手段来提升企业的公司价值。在从全球计算机行业成长中获得强劲现金流的情况下，英特尔公司坚持为股东提供高额的现金回报。

## （二）发债回购股票

表 2　　　　偿债能力指标　　　　单位：百万美元

| | 2010 | 2011 | 2012 | 2013 | 2014 |
|---|---|---|---|---|---|
| 流动比率 | 3.4 | 2.2 | 2.4 | 2.4 | 1.7 |
| 速动比率 | 3.0 | 1.8 | 2.1 | 2.1 | 1.5 |
| 资产负债率 | 22% | 35% | 39% | 37% | 39% |
| 长期债务 | 2 077 | 7 084 | 13 136 | 13 165 | 12 107 |

英特尔公司的流动比率保持在 2 倍多，速动比率也一直高于 1.5 倍。较高的流动比率和速动比率，彰显了该公司强劲的短期偿债能力。而英特尔公司的资产负债率虽然不算很高，但样本期间内一直呈现上升的趋势。2010～2014 财年从 22% 上升至 39%，其中 2011 年增幅最大。2011 年英特尔公司首次发行公司债在资本市场上融资 50 亿美元。而一般情况下，美国科技企业主要依靠发行股票和手中的现金来满足资金需求，很少发行债券。此后，2012 年又发行 60 亿美元债券，两次举债皆是为了回购股份以提升股价，而这两笔债券融资将长期负债金额从 20 亿美元提高到 130 多亿美元。不过，由于债券成本较低，加上英特尔有极好的信贷评级，以及举债后公司的资产负债率水平仍然处于较低的水平，所以发行债券回购股票，对于英特尔来说，不失为一个很好的融资计划。

## （三）库存伤不起

表 3　　营运能力指标　　单位：百万美元

| | 2010 | 2011 | 2012 | 2013 | 2014 |
|---|---|---|---|---|---|
| 库存总额 | 3 757 | 4 096 | 4 734 | 4 172 | 4 273 |
| 存货增长率 | | 9% | 16% | -12% | 2% |
| 存货周转率 | 4.0 | 4.9 | 4.3 | 5.1 | 4.7 |

在营收增长乏力的情况下，英特尔的库存规模猛增，2012 年达到创纪录的 47 亿美元。全球疲软的个人电脑出货量印证了库存规模增加对于英特尔而言是一个显而易见的坏消息——公司库存量达到创纪录的水平时，市场对芯片的需求却减少了。英特尔那些最大的客户苹果公司的智能手机和平板电脑开始使用自己的微处理器，其他移动设备厂商也大都是在设备中使用英特尔的竞争对手的芯片，比如高通（QCOM）和博通（BRCM）的产品。英特尔公司不得不通过降价抛售或减记部分库存甚至大规模减产以提高的存货周转速度。公司的存货周转率只有 5 次/年左右。

## （四）营收创新高

表 4　　盈利能力指标　　单位：百万美元

| | 2010 | 2011 | 2012 | 2013 | 2014 |
|---|---|---|---|---|---|
| 销售毛利率 | 65% | 63% | 62% | 60% | 64% |
| 销售净利率 | 26% | 24% | 21% | 18% | 21% |
| 总资产净利率 | 18% | 18% | 13% | 10% | 13% |

续表

| | 2010 | 2011 | 2012 | 2013 | 2014 |
|---|---|---|---|---|---|
| 权益净利率 | 23% | 28% | 21% | 17% | 21% |
| 营收 | 43 623 | 53 999 | 53 341 | 52 708 | 55 870 |
| 营收增长率 | | 24% | －1% | －1% | 6% |
| 净利润 | 11 464 | 12 942 | 11 005 | 9 620 | 11 704 |
| 净利润增长率 | | 13% | －15% | －13% | 22% |

服务器和存储业务是英特尔的闪光点，近年来英特尔努力调整自身的业务结构，以提高服务器和存储业务在营收盈利中的份额，并用其利润来保证其在移动领域的投入。尽管英特尔在个人电脑领域的霸主地位无人撼动，但该公司营收增长主要受比较强劲的企业需求所推动。随着移动设备的兴起，对英特尔传统的个人电脑芯片业务构成挑战，再加上库存增加，英特尔面临巨大的毛利率和净利率下降压力，以及由于公司裁员又导致大批的计划补贴和工程制造费用。由于英特尔在移动领域的份额较低，个人电脑业务又呈萎缩状态，所以公司的努力仍然推动不了盈利能力踟蹰不前的步伐，甚至在 2011 年至 2013 年间一路下降。2011 年英特尔公司营收和净利润均创造历史最好水平，其中总营收达到 540 亿美元，较 2010 年增长 24%；净利润 130 亿美元，比 2010 年增长 13%；2010 年创造的高达 65% 的毛利率和 26% 的净利率也是史上峰值。2011 年后，毛利率和净利率水平也开始下降。英特尔公司的销售毛利率从 2010 年的 65% 降到 2013 年的 60%，同期该公司的销售净利率也从 2010 年的 26% 下降到 2013 年的 18%。

为了应对个人电脑市场低落的环境，英特尔正大力进军手机和平板电脑芯片市场。最近英特尔已经与多个手机品牌合作，包括中国的联想集团和中兴通讯，以及希望进军智能手表等可穿戴设备市场。所有的努力在

2014年得到了回报。2014年英特尔的业绩创历史新高，营收高达559亿美元，较上一年的527亿美元增长6%，净利润为117亿美元，较上一年的96亿美元增长22%，运营利润为153亿美元，较上一年的123亿美元增长25%，每股收益2.31美元，同比增长22%，毛利率为63.7%，同比增长3.9%。其中仅英特尔数据中心事业部的收入就高达144亿美元，比2013年增长18%。移动互联网与云计算帮助了英特尔的数据中心与服务器业务的兴起，并为此后几年利好趋势打下了基础。英特尔做好了准备以进一步提升移动业务利润率，并专注于推动下一波新技术浪潮。

在业绩徘徊期间，作为曾经的全球创新典范，英特尔公司曾经优良的股东回报率记录也开始出现了逆转，股价也下跌。股神巴菲特的一举一动都受到了全球投资者的密切关注。巴菲特在2011年11月曾斥巨资2亿美元购进英特尔股票，却仅持有不到半年又清空所持有的英特尔股票。2010至2013财年，英特尔公司的总资产净利率从18%降到10%，权益净利率也从23%降为17%，而2014财年，这些盈利能力指标都出现了“龙抬头”的迹象。此外，经过长达10年的“努力”，依靠自身业绩的复苏，英特尔公司的股价也在2014年终于暂时跑赢了道琼斯工业平均指数。这样的成绩，值得我们来为英特尔在移动领域的成绩点一下赞，当然同样需要看到，成绩复苏的背后，是英特尔付出的努力。在整个大环境之下英特尔内部正在发生着渐进式的进步。个人电脑市场正在不断萎缩，英特尔正努力把业务发展方向转移至平板等设备市场，希望用创新的芯片设计来满足市场和消费者的需求。

## 三、结束语

多年以来，英特尔就像一台精致的仪器，在摩尔定律等“齿轮”的推动下，始终稳坐全球个人电脑市场的霸主地位，同时在服务器领域也趁势而上，迅速盘踞了中小企业运用市场，并始终尝试进军关键业务市场，侵吞 IBM 的传统领地，一个个竞争对手则被封存于 CPU 的历史当中。然而，在移动互联网、大数据和云计算成为趋势的世道，仅凭借在个人电脑时期的传统经验，英特尔曾经独领风骚的格局逐渐被攻破。云技术的深入应用和传统服务器的冲突，是英特尔绕不开的命题。现在的英特尔虽然资产规模不断扩大，但营收盈利指标从增长转向降低；虽然现金流量充足，却因举债抬高资产负债率。个人电脑市场疲软导致库存周转困难，但其获利能力低迷后逆转上抬。作为全球最大的个人电脑处理器芯片制造商，英特尔公司的未来需要面临以下几个问题：其一，敌手挑衅。全球智能手机市场的兴起养活了以 ARM 为代表的一大批移动设备芯片制造商。ARM 移动芯片凭借其高性能、超低功耗等优点迅速霸占了全球 95% 的智能手机处理器市场和 95% 的平板电脑处理器市场，同时还将目光放在了个人电脑市场。其二，盟友拆台。英特尔长期以来的合作伙伴微软在逐渐远离英特尔。微软推出的第一款平板电脑，分别采用了来自英特尔和英伟达的两种处理器芯片，而新款 XBOX 游戏机则采用 AMD 处理器，移动版本的智能手机 Windows8 也是采用高通处理器。

内外交困的英特尔于 2011 年 9 月 15 日宣布与谷歌合作，安卓系统将支持英特尔现有的芯片架构，这意味着未来个人电脑上可以看到安卓系统。分析师称，谷歌安卓平台占据智能手机 52% 的市场份额，稳坐智能手机操作系统头把交椅。与谷歌合作将有助于英特尔迅速打开移动终端市场，抢占智能手机市场。与此同时，英特尔也加紧改变发展战略，针对平板电脑开发新的中央处理器，借此来与 ARM 展开正面竞争。

为了在快速成长的移动市场占得一席之地，英特尔曾付出了大量的努力，但是效果并不太理想。永不轻言放弃的英特尔终于等到了 2014 年的业绩好转。所以，前面几年的困境是英特尔在等待某个特定的、具有让英特尔移动业务起死回生的魔力的转折点。

英特尔能否在移动芯片市场突出重围，延续个人电脑时代的辉煌，让我们来期待吧。

# 故事五：戴尔的私人订制

## 一、戴尔公司的品牌故事

世界顶尖财经媒体《财富》杂志评选出 2013 年全球计算机行业最受赞赏的公司，戴尔公司（Dell Computer）名列第六，并且以 475 亿美元的资产规模在美国 500 强中排名第 51 位。

戴尔公司总部位于美国得克萨斯州朗德罗克市。1984 年 11 月 4 日，19 岁的迈克尔·戴尔以 1 000 美元资金创立了戴尔公司。戴尔公司按照客户的要求制造计算机，并向客户直接发货，这便是后来被全球无数商家作为成功典范来效仿的戴尔模式。此后，戴尔公司以如火箭般的增长速度发展，跻身全球五大计算机制造商之列，并且于 1992 年进入《财富》杂志 500 强榜单，迈克尔·戴尔也因此成为其中最年轻的首席执行官。

戴尔公司以生产、设计、销售家用以及办公室电脑而闻名，同时涉足高端电脑市场，生产与销售服务器、数据储存设备、网络设备等。戴尔电脑公司所采用的商业模式——戴尔模式曾被誉为是世界上最好的商业模式之一。2013 年 10 月 30 日，为规避华尔街无休止的季报追杀和永远的高业绩期望，避开公众的视线，抹除个人电脑厂商的烙印，并为长期转型成为一家服务公司赢得时间，戴尔选择私有化交易退市，并以 249 亿美元的金额将公司出售给其创始人兼首席执行官迈克尔·戴尔和银湖合伙基金公司领衔的收购。这是成为自全球金融危机以来最大金额的杠杆收购案，也是科技业史上最艰难的一次收购交易。2014 年 2 月，由于个人电脑市场低迷、利润率萎缩和移动业务进展不畅，戴尔开始部署重组计划，大规模裁员，把重点转向与企业相关的云计算和移动系统等服务业务。

戴尔公司史诗般变革是一个时代的征兆，即个人电脑产品运势的日益衰落和软件及服务业的崛起。本文以戴尔公司私有化之前的财务报表为基础来解读这个昔日的计算机巨人的财务故事。

## 二、戴尔公司的财务报表分析①

### （一）轻资产的运营模式

**表 1** 财务报表主要数字 单位：百万美元

| | 2009/10 | 2010/11 | 2011/12 | 2012/13 |
|---|---|---|---|---|
| 现金及等价物 | 10 635 | 13 913 | 13 852 | 12 569 |
| 总资产 | 33 652 | 38 599 | 44 533 | 47 540 |
| 总资产增长率 | | －13% | 32% | 23% |

① 戴尔公司的财报年度为每年的 2 月 1 日至次年的 1 月 31 日，该公司在退市之前的最后一份对外公开的年报日期 2013 年 1 月 31 日。本文研究样本是戴尔公司 2009/10～2012/13 财年的 4 份年报资料。

续表

| | 2009/10 | 2010/11 | 2011/12 | 2012/13 |
|---|---|---|---|---|
| 流动资产占总资产比 | 72 | 75 | 66 | 59 |
| 收入 | 52 902 | 61 494 | 62 071 | 56 940 |
| 营收增长率 | | -1% | 17% | -7% |
| 税后利润 | 1 433 | 2 635 | 3 492 | 2 372 |
| 净利润增长率 | | -25% | 144% | -10% |

从资产负债表上看，截至2013年1月31日，戴尔公司账面资产高达475亿美元，且此前几年一直处于增加的趋势。而与此对应的是，流动资产占全部资产的比率却超过60%，2010/2011财年一度高达75%以上。事实上，戴尔是按需定制的“轻资产模式”下的一个商界传奇。公司没有太多的固定资产，无需门店，用高性价比和网络销售占领市场。在营销队伍带来的大量客户需求的基础上，戴尔公司建立了大规模的信息化供应链，再通过规模效应，逻辑紧密，环环相扣，成就了戴尔公司轻资产运营的成功秘籍。

从利润表上看，戴尔公司在退市前4个财年的收入和利润开始走入了一个迷局，增长乏力，市场萎缩。作为全球第3大个人电脑制造商，受亚洲竞争对手推出廉价产品并侵蚀公司利润的影响，戴尔公司的市场份额一损再损。再加上个人电脑市场萎缩、激烈的价格竞争和宏观经济环境的不确定性，2012财年戴尔公司的个人台式电脑和移动业务收入出现两位数下降。私有化之前，戴尔公司每年发布的财务报表都走不出利润下降的困境。

从现金流量表上看，样本期间戴尔公司的现金及等价物分别高达100多亿美元，是一头丰腴的“现金牛”。戴尔作为一家现金充足的公司。传统个人电脑业务规模效应产生的充足现金流，保证了公司能够在经济危机的形势下展开并购行动，以应对个人电脑需求下滑给公司带来的影响。需要指出的是，虽然现金流充足，戴尔却长期不支付股息，直到2012年第三季度才首次派息。充裕的现金储备也是戴尔私有化过程中重大的一项阻碍。

## （二）居高不下的财务杠杆

表 2　　偿债能力指标

| | 2009/10 | 2010/11 | 2011/12 | 2012/13 |
|---|---|---|---|---|
| 流动比率 | 1.28 | 1.49 | 1.34 | 1.19 |
| 速动比率 | 1.22 | 1.42 | 1.27 | 1.13 |
| 资产负债率 | 83% | 80% | 80% | 78% |

2009/2010财年到2012/2013财年期间，戴尔公司的流动比率从1.28震荡降至1.19，速动比率也同比向下。流动比率和速动比率逐年下降，原因是戴尔向来以严格控制存货数量著称业界，公司的流动资产逐年下降，而流动负债逐年上升。由于流动资产的增长速度较流动负债的增速慢，才会造成流动比率恶化的假象。这其实是戴尔公司利用类似于沃尔玛的“快快收钱，慢慢付款”的方法创造营运资金的手法。即戴尔公司以“负”的营运资金有效率地推动如此庞大的企业体。

2009/2010财年到2012/2013财年期间，戴尔公司的资产负债率高达80%的水平，在全球电脑厂商中属于最差钱的公司。一方面，戴尔公司采用典型的轻资产运营模式，流动资产占总资产的大半，存货和应收账款周转期的延长所产生的流动资金需求又推高了公司对流动负债的需求，进而抬升了资产负债率和财务杠杆率，也大幅提高了公司偿债风险。另一方面，在戴尔公司的总负债中，流动负债超过60%。负债率的提高又加大了资本成本，在一定程度上降低了资产收益率，这对戴尔公司的持续经营也形成了较大的挑战。居高不下的财务杠杆率已经使戴尔公司面临越来越大的财务风险，进一步提升业绩的空间越来越小。如果现金周期不断遭到侵蚀的局面不能得到改善，戴尔公司将在财务上面临更大风险。这说明曾经红极一时的“戴尔模式”增长方式在不断挑战财务杠杆的极限，也使得戴尔公司面临的财务风险越来越大，无法及时找到新的市场增长点。

## （三）“私人订制”的高效率

**表3　　营运能力指标**

| | 2009/10 | 2010/11 | 2011/12 | 2012/13 |
|---|---|---|---|---|
| 存货周转率 | 41.52 | 38.51 | 34.37 | 32.38 |
| 应付账款周转率 | 3.84 | 4.44 | 4.14 | 3.87 |
| 应收账款周转率 | 6.19 | 6.07 | 6.33 | 5.79 |
| 流动资产周转率 | 2.18 | 2.12 | 2.11 | 2.04 |
| 固定资产周转率 | 11.37 | 13.00 | 12.58 | 10.74 |
| 总资产周转率 | 1.57 | 1.59 | 1.39 | 1.20 |

将存货周转率、应收账款周转率和应付账款周转率结合起来考查，便可以发现戴尔公司是一个不折不扣的营运资本管理高手——戴尔的经营秘密也正是提升资产周转率。2009/2010财年到2012/2013财年期间，戴尔公司的存货周转率高达30~40次/年，应付账款周转率只有4次/年，应收账款周转率则在6次/年的水平。戴尔的资金周转之所以如此神速，很大程度上归功于其在运营资本管理上成功地运用了OPM（Other People's Money）战略。在OPM战略下，戴尔公司运用直销模式下高效的财务管理

系统保证资金的点式传递，即利用供应商的钱支持生产，没有资金留账，这需要戴尔与其客户和供应商之间建立高度的信息共享。戴尔公司事实上成为了一个围绕客户需求而构建的企业。把这种模式运用到公司财务运作过程中，就形成了戴尔公司无订单不付款的“空手道”经营惯例。戴尔利用自己在整个产业链条中的核心地位与其供应商信息实现直接捆绑并利用供应商的资金“垫付”自身的运营资本的做法，不仅极大降低了公司的运营资本成本（主要是利息负担），而且还赋予公司超强的财务弹性，同时也导致了戴尔公司经营性现金流量对流动负债比率偏低。此外，戴尔公司奉行的定单制造法和战略联盟对生产资金使用效率的提升功不可没。定单制造法大幅降低戴尔的存货周转天数；战略联盟使戴尔有机会利用其全世界最大个人电脑制造商的地位，来提升其与零部件供应商的讨价还价能力，不断延长零部件采购的付款期限。这些独特的经营战略，加上公司在研发、广告销售和管理费用支出上的严格控制，是造就戴尔在竞争十分激烈的个人电脑行业中一枝独秀的秘笈。“库存”在戴尔公司是一个禁忌词，戴尔公司认为“库存不是资产而是负债”。戴尔公司通过降低存货量成功提高总资产周转率，总资产周转率为1.2～1.5次/年的高水平。事实上这就是直销模式的精髓。戴尔公司以此为指导思想设计了以直销为核心的订单生产模式，使存货管理从“有多少存货”转向“存货速度有多快”，其逻辑是订单—生产—采购。戴尔模式的一个基本特点就是减少库存，加快货物周转，由以前的供需转换为需供，用一个流行词表达就是“私人订制”。所谓私人订制就是按特定客户的需求来生产，即先确定需求，然后再供应和生产。大规模私人订制就是把个性化的需求和大规模生产统一起来。戴尔有一种观点，认为多余的存货通常源自对市场的盲目不清或源自对货物短缺的害怕。戴尔模式是“适时生产”（JIT）技术与信息网络技术的完美结合。其基本思想是“只在需要的时候，按需要的量，生产所需的产品”，这是追求一种无库存或库存达到最小的生产系统。企业大大降低了原材料的储备，提高了企业的运作效率，也增加了企业的利润。

### （四）微利时代的铁血赢家

表 4　　　　盈利能力指标

| | 2009/10 | 2010/11 | 2011/12 | 2012/13 |
|---|---|---|---|---|
| 销售毛利率 | 18% | 19% | 22% | 21% |
| 销售净利率 | 3% | 4% | 6% | 4% |
| 总资产净利率 | 4% | 7% | 8% | 5% |
| 权益净利率 | 25% | 34% | 39% | 22% |

2009/10 财年到 2012/13 财年期间，戴尔公司的销售毛利率仅为 20%，扣除营销及研发费用后，销售净利率只有 4% 左右的水平。较低的毛利率和净利率是个人电脑行业进入微利时代最好的注脚。同期，戴尔公司的总资产净利率只有 5% ~8%，权益净利率却高达 22% ~34%，这一股东回报水平将 IBM、沃尔玛及通用电气等业界航母远远地甩在了身后。此外，若按戴尔 IPO 以来的股利再投资计算，第一批投资者持有的股份至公司私有化时的回报率已经高达 100 倍。所以，从这一点看，微利时代的铁血赢家戴尔公司不愧为世界上最成功的个人电脑生产商。

## 三、结束语

综上所述，戴尔公司在私有化之前的财务故事总结为轻资产、高负债、快周转、微利润。私有化后的戴尔公司未来面临三大问题：其一，转型需加速。戴尔公司昔日的成功建立在个人电脑行业的直销模式和低价竞争上。目前，戴尔主要的赢利点还是来自个人电脑，但全球个人电脑业务处于下滑趋势。如果不能在智能手机和平板电脑市场实现重大突破，戴尔在移动革命中会被甩在后头。其二，高企的债务成本。私有化之后的戴尔需要每年支付 12 亿美元的债务融资成本。如果市场利率增加，戴尔的债务负担还会加重。穆迪、惠誉等债务评级机构业已将戴尔的债务评级一再调低，更会推升戴尔的债务成本。其三，竞争形势不乐观。目前，中国联想公司已攀升至全球个人电脑销量榜首，占据 16.7% 的市场份额，惠普为 16.4% 。戴尔仅为 12.2% ，排名第三。此外，三星、联想和华硕在低端产品领域向戴尔发起有力挑战，苹果平板电脑和高端笔记本计算机销售仍然相当强劲，劲敌惠普已经在网络和存储等关键领域超越戴尔，加之最近数年服务器市场萎缩相当严重，谷歌和脸书网等采购量较大的客户转向广达等厂商采购服务器。此外，云计算是戴尔比较大的短版，能否在云计算这块有一个比较大的突破来取得戴尔想要的行业地位是个很大的问题。在种种压力之下，戴尔想在市场上获得更高的份额并非易事。私有化的举措也说明戴尔只有酝酿更为激进的策略以加速转型，但这仍然改变不了戴尔前景不明的局面。所以，对私有化之后的戴尔公司来说，转型路漫漫，未来多挑战。

# 故事六：惠普之道

## 一、惠普公司的品牌故事

作为美国乃至世界最大的信息科技公司之一，惠普公司（Hewlett - Packard，简称 HP）以 237.58 亿美元的品牌价值在全球著名品牌咨询公司 Interbrand 公布“2014 年全球企业品牌价值排行榜”（Best Global Brands）上名列第 17 位。

1939 年 1 月 1 日，斯坦福大学的两位毕业生比尔·惠利（Bill Hewlett）和戴维·普克（Dave Packard）怀着对未来技术发展的美好憧憬和发明创造的激情，在美国加利福尼亚州帕洛阿尔托市（Palo Alto）的一个车库里成立惠普公司，开始了硅谷的创新之路。惠普创业时的车库，如今已被美国政府命名为硅谷的诞生地。惠普的第一台产品是阻容式声频振荡器（HP200A），这是一种用于测试音响设备的电子仪器。第二次世界大战中，惠普因其成套系列的微波测试产品而成为信号发生器行业的领先者。1950年，惠普进入了其增长和成熟期阶段，开始全球化经营管理。1962年，惠普首次荣登《财富》杂志美国500家大型公司排名榜，列第460位。此后，惠普在《财富》杂志排名榜上的名次逐年上升。1966年，世界领先的电子研究中心之一——惠普实验室成立。2001年9月4日惠普以价值250亿美元的股票收购对手康柏电脑公司。2006年，惠普超越戴尔（Dell）成为全球第一大个人电脑厂商。如今，惠普下设三大业务集团：信息产品集团、打印及成像系统集团和企业计算及专业服务集团。惠普提供的产品涵盖了信息技术基础设施、个人计算及接入设备、面向个人消费者及大中小型企业的打印和成像等领域。

惠普公司作为全球最大的信息技术公司之一，一直致力于激发科技的无限潜能，为个人、企业及社会创造积极影响。作为惠普公司70多年来的立身之本，“惠普之道”是推动惠普向前发展的动力源泉。不断对“惠普之道”进行创新，是惠普公司获得持续成功的关键。然而在全球经济不景气的大环境下，疲软的市场需求以及激烈的市场竞争使得个人电脑制造业成为最不赚钱的行业之一。加上惠普公司近几年管理层动荡，经营战略摇摆不定，使这个昔日全球个人电脑业界的老大哥走到了山重水复的混乱境地。

# 二、惠普公司的财务报表分析①

## (一) 盲目扩张导致资产萎缩

表 1　　财务报表主要数字　　单位：百万美元

| | 2010/11 | 2011/12 | 2012/13 | 2013/14 |
|---|---|---|---|---|
| 现金及等价物 | 8 043 | 11 301 | 12 163 | 15 133 |
| 资产总额 | 129 517 | 108 768 | 105 676 | 103 206 |
| 总资产增长率 | | -16% | -3% | -2% |
| 营收 | 127 245 | 120 357 | 112 298 | 111 454 |
| 营收增长率 | | -5% | -7% | -1% |
| 税后利润 | 7 074 | -12 650 | 5 113 | 5 013 |
| 净利润增长率 | | -279% | -140% | -2% |
| 运营活动所产生现金 | 12 639 | 10 571 | 11 608 | 12 333 |
| 投资活动所产生现金 | -13 959 | -3 453 | -2 803 | -2 792 |
| 融资活动所产生现金 | -1 566 | -3 860 | -7 943 | -6 571 |

从资产负债表上看，从 2010/11 到 2013/14 财年，惠普公司账面总资产呈逐年减损的趋势，2011～2014 财年从 1 295 亿美元降至 1 032 亿美元，其中，2011/12 财年较上年降幅达 16%。除了商誉等无形资产占全部资产比重高达三分之一外，外界还指责惠普多次通过以虚高的价格收购高增长企业来补充已经成熟的业务，再通过会计方法对所收购资产的大部分价值

① 惠普的财年为每年 11 月 1 日到次年 10 月 31 日。本文研究样本为惠普公司 2010/11～2012/14 财年的 4 份报表资料。

进行减记，从而导致账面资产逐年减损。例如，2008 年惠普以 139 亿美元收购了电子数据系统公司（EDS）后记 80 亿美元的商誉减值；2010 年惠普收购 Palm 时花了 12 亿美元，之后减记的金额甚至超出这一收购价；2011 年公司斥资 110 亿美元收购英国软件开发商 Autonomy，减记 88 亿美元。惠普也因此被笑称为全球最大的减记高手。

从利润表上看，惠普公司 2010/11 到 2013/14 财年的收入从 1 272 亿美元降至 1 115 亿美元，净利润也从 71 亿美元降至 50 亿美元。其中，2012 年惠普公司营收驶入迷雾，甚至在年初时拒绝公布当年营收预期，而上年净亏损 127 亿美元，股价也创 10 年新低。由于消费者对智能手机和平板电脑的偏爱，个人电脑市场正在经历史上时间最长、最严重的下滑。全球所有地区的个人电脑出货量同比都在下降，亚太地区已连续 5 个季度出现出货量下滑，欧洲、中东、非洲市场也出现下滑，且萎缩的速度还呈加快趋势。这一变化使惠普措手不及，再加上惠普在重大战略决策时摇摆不定，公司失去了发展方向，进而造成公司营收和盈利增长乏力。除软件事业部之外，公司其他主营业务收入均有所下滑。其间，新收购的英国软件公司 Autonomy 会计欺诈事件就导致惠普亏损 88 亿美元。究其原因，一方面 Autonomy 公司夸大自身的财务业绩，误导了投资者和收购者；另一方面惠普管理层在判断 Autonomy 真实价值的能力时受错误信息误导而造成了严重影响。惠普是一家硅谷的标志性企业，也是道琼斯工业平均指数成份股之一，因此这家公司的业绩表现也被视为整个行业的指示剂，能够影响投资人对整体证券市场的看法。

由于不断的对外收购和资产减损，惠普的现金流也正在持续枯竭。公司将大量现金用于派息和回购股票，通过削减流通股数量、增加每股收益来提升惠普的股价。虽然账面的现金及等价物有 100 多亿美元，但经营活动产生的现金流入量与投资和筹资活动产生的现金流出量相当，过快的花钱速度令惠普的现金入不敷出。而如果惠普从资本市场借贷，就必须支付更高的利息，这又会有损于惠普的金融服务——向消费者提供贷款以帮助他们购买惠普的产品。这一局面导致2012年穆迪、惠誉等评级公司下调惠普的债务评级。

### （二）负债累累导致重振受阻

**表2** **偿债能力指标** 单位：百万美元

| | 2010/11 | 2011/12 | 2012/13 | 2013/14 |
|---|---|---|---|---|
| 流动比率 | 1.01 | 1.09 | 1.11 | 1.15 |
| 速动比率 | 0.86 | 0.95 | 0.97 | 1.00 |
| 债务总额 | 90 892 | 86 332 | 78 407 | 76 475 |
| 资产负债率 | 70% | 79% | 74% | 74% |

2010/11到2013/14财年惠普公司的流动比率为1左右，速动比率略低于1，在一般传统财务分析所认为的合理范围内。相同样本期间内惠普公司的资产负债率达70～80%，即使在负债水平普遍偏高的科技产业中也算比较高的负债水平。成功的高科技公司与其他行业的公司相比，往往有着良好的现金流量对负债总额比率，其中部分理由是因为科技业的变化更为迅速。但长期扩张让惠普这个硬件巨头负债累累，比大多数高科技公司债务负担更为严重。在长期债务方面，惠普近几年不断发行公司债券用于偿还以前债务、回购股票、收购、投资、补充流动资金等。对于处在困境中的惠普公司而言，振兴计划中有一个很重要的方面就是削减债务，以重新燃起投资者对该公司的信心。此外，由于负债累累，目前惠普公司正试图通过裁员以及聚焦具备长期发展潜力的业务（比如企业客户服务）等方

式努力使得公司恢复增长。

## （三）营收乏力导致周转缓慢

表 3　　营运能力指标　　单位：百万美元

| | 2010/11 | 2011/12 | 2012/13 | 2013/14 |
|---|---|---|---|---|
| 存货周转率 | 13.01 | 14.62 | 14.29 | 13.23 |
| 应付账款周转率 | 6.60 | 6.92 | 6.16 | 5.33 |
| 应收账款周转率 | 4.78 | 4.72 | 4.67 | 6.64 |
| 流动资产周转率 | 2.49 | 2.38 | 2.23 | 2.22 |
| 总资产周转率 | 0.98 | 1.11 | 1.06 | 1.08 |

2010/11 到 2013/14 财年惠普公司的存货周转率为 13 ~ 14 左右。应收账款周转率为 5，流动资产周转率为 2，而总资产周转率为 1，均处于同行业较低水平。惠普与宿敌戴尔的较量一直是业界津津乐道的话题，而戴尔的经营秘密就是提升资产周转率，“问题公司”惠普却周转无力。周转率指标表现低下与惠普走低价路线有着直接的关系。其中，在存货周转指标上，惠普公司比竞争对手戴尔公司慢得多，而高新技术产品贬值很快，惠普的存货周转速度太慢是一个令人堪忧的现象。历史上惠普曾与 IBM 及戴尔公司等计算机公司在供应链实践中取得过巨大的成绩，高效的库存管理曾经是惠普的致胜法宝。

## （四）利润低下导致股东受损

表 4　　盈利能力指标

| | 2010/11 | 2011/12 | 2012/13 | 2013/14 |
|---|---|---|---|---|
| 销售毛利率 | 23% | 23% | 23% | 24% |
| 销管占营收比 | 11% | 11% | 12% | 12% |
| 研发占营收比 | 3% | 3% | 3% | 3% |
| 销售净利率 | 6% | -11% | 5% | 4% |
| 总资产净利率 | 5% | -12% | 5% | 5% |
| 权益净利率 | 18% | -56% | 19% | 19% |

2010/11 到 2013/14 财年惠普公司的销售毛利率均为 23%，有资料表明，苹果每出售一台 Mac 电脑的利润是惠普台式电脑的 7 倍。较低的毛利率引发市场很多谣言和猜想，最多的是关于出售毛利率较低的个人电脑业务和打印机业务的传言。2011 年，惠普关于为其个人电脑制造部门寻找“可替代战略方案”的消息曾震惊了整个华尔街，导致惠普市值暴跌近 1/4。如果出售个人电脑业务，惠普的毛利率可能会上升到 30%。但是出售个人电脑业务又会导致惠普的服务器业务原材料成本上升，所以虽然惠普个人电脑业务“出售门”事件一再升温，但是至今为止个人电脑仍与惠普公司挣扎同行。扣除 12% 的销管费用和 3% 左右的研发支出后，2010/11 到 2013/14 财年惠普公司的销售净利率从 6% 降到 4%。除 2012 年全线亏损外，其他盈利年份的业绩表现也大大低于同行竞争对手。原因有二：其一是因为惠普关于出售个人电脑业务的传闻吓跑了不少潜在客户，令惠普的事业受到打击；其二与惠普的成本费用结构有关。2010/11 到 2013/14 财年中惠普的销售和管理费用占营收的比重达 12%，在净利率不足 6%

的个人电脑产业，这种成本结构的劣势严重拉低了惠普的竞争力。需要指出的是，同一时期惠普公司的研究开发费用占营收的比例为3%，研发支出占比低于营销费用占比，而且这家曾经在“全球最具创新企业排行榜”上红极一时的信息技术硬件公司的研发支出并不能准确地反映其创新水平，即研发支出的效益不明显。除2012年亏损外，2010/11到2013/14财年公司的总资产净利率为5%，权益净利率略低于20%。虽然在多数年份资产净利率劣势不明显，但权益净利率却大大低于同业竞争对手，股东回报率低下。此外，自从2010年8月以来，惠普公司徘徊在信息技术革命门口，错误百出，这些错误导致了惠普股价下跌，最终于2013年底遭到道琼斯指数的驱逐，这样的局势也同样导致了该公司的股东财富大幅度减损。为此，惠普近几年连遭股东集体诉讼。

## 三、结束语

综上所述，曾经被称为世界上管理最完善、最富创新精神的惠普公司目前出了很大的问题，在财务上表现为：盲目扩张导致资产萎缩、负债累累导致重振受阻、营收乏力导致周转缓慢、利润低下导致股东财富减损。对于惠普公司的未来而言，要想扭转命运，需注意以下几个方面的问题：其一，缺乏领导人培养机制。近几年公司管理层动荡，经营战略的摇摆不定，严重影响了公司的发展。其二，缺乏对惠普文化的坚守。自从收购康柏（Compaq）后，惠普公司的企业文化就分裂了，惠普越来越像是一个供应链的奴隶，而不像是一个充满创新精神的公司。其三，削减成本措施过于疯狂。近年来惠普公司为应付危机而大大削减庞大的开支，例如咨询费等，还修订了公司的红利机制，引发劳资纠纷。其四，移动战略步履维艰。惠普的个人电脑业务正受到移动设备快速发展的冲击，Windows8的销量很难达到预期，而随着人们越来越多使用数字显示设备，惠普的主业之一打印业务也在不断滑坡，而惠普除了打造了商用版的Windows8平板电脑之外，再无其他移动业务。目前还很难看出惠普在获得移动领域相关的人才、产品和市场份额的发展优势。

为了突出重围，惠普于2014年年底作出了大的战略调整，成为信息技术业界的一个大事件：即惠普将会一分为二。目前的惠普将会被拆分为惠普公司和惠普企业。前者由惠普的个人系统业务和打印业务组成；后者由惠普的企业技术基础架构业务、软件业务和服务业务组成。惠普此举分拆是为了优化业务分工，集中精力发展企业级业务，毕竟目前传统个人电脑业务日渐衰落，而分拆带来的效果就是惠普可以集中全部优势力量发力企业级市场。

惠普分拆后将会获得巨大的发展机会，而惠普分拆的战略目标也是发展企业级市场。机遇与挑战共存，惠普公司前行的道路并不平坦，需要做的工作很多。不过我们有理由相信，凭借惠普在企业级市场的耕耘，这次举措将可能成为惠普公司复兴的一个良好开端。

# 故事七：没落帝国诺基亚

## 一、诺基亚公司的品牌故事

NOKIA

在 2013 年以前的十多年时间里，诺基亚一直都是全球手机行业中的领导者，是芬兰国家自豪感的重要来源之一，直到 2013 年 9 月 3 日微软公司宣布斥资 71.7 亿美元收购诺基亚设备与服务部门。

诺基亚诞生在北欧小国芬兰。1865 年，诺基亚创始人弗雷德里克·艾德斯坦（Fredrik Idestam）在芬兰的诺基亚河沿岸创建了一家木材纸浆厂，取名“诺基亚”。20 世纪 90 年代诺基亚开始将核心业务转向以移动通信为主，并于 1998 年历史性地超越摩托罗拉，以 27% 份额成为世界最大手机制造商；到 2000 年以高达 3 030 亿欧元的市值荣登欧洲公司的市值冠军；2007 年，诺基亚成为市场占有率高达全球 4 成的手机霸主。

然而一系列的事件让这个手机巨人身陷困境：1992 年苏联解体，该公司失去了最大市场。2007 年苹果公司推出 iPhone，敲响了诺基亚帝国的丧钟，彻底将其从美梦中惊醒。2008 年谷歌推出安卓手机。这两家锐意进取的技术先锋公司并肩完成了移动通讯史上的朝代变革，从此传统手机为明日黄花。全球用户如潮般放弃传统手机而投入智能手机的怀抱，诺基亚的王朝开始坍塌，市场销售也一泻千里。诺基亚曾在两年时间里尝试扭转这种颓势，但最终无功而返。随后，诺基亚与微软结成攻守同盟，但消费者对其所生产的第一款 WindowsPhone 智能手机的反应也相当冷淡。最终 2013 年诺基亚旗下的手机业务被微软以 71.7 亿美元收购。

150 年来，从生产纸品、制造橡胶靴到成为全球通信大鳄再到被收购，诺基亚公司走过了一段漫长的旅程。

## 二、诺基亚公司的财务报表分析①

### （一）断臂求生欲舍命一搏

**表 1　　诺基亚的基本财务数据　　单位：百万欧元**

| | 2003 | 2004 | 2005 | 2006 | 2007 | 2008 | 2009 | 2010 | 2011 | 2012 |
|---|---|---|---|---|---|---|---|---|---|---|
| 现金及等价物 | 1 145 | 1 090 | 1 565 | 1 479 | 2 125 | 1 706 | 1 142 | 1 951 | 1 957 | 3 504 |
| 短期投资 | 11 432 | 11 302 | 8 434 | 7 169 | 9 867 | 6 148 | 8 060 | 10 702 | 9 445 | 6 869 |
| 现金及短期投资 | 12 577 | 12 392 | 9 999 | 8 648 | 11 992 | 7 854 | 9 202 | 12 653 | 11 402 | 10 373 |
| 总资产 | 23 920 | 22 669 | 22 298 | 22 617 | 37 599 | 39 582 | 35 738 | 39 123 | 36 205 | 29 949 |
| 总资产增长率 | -5% | -2% | 1% | 66% | 5% | -10% | 9% | -7% | -17% | -5% |
| 流动资产占比 | 84% | 86% | 85% | 82% | 78% | 62% | 66% | 69% | 70% | 70% |
| 负债总额 | 8 772 | 8 431 | 10 143 | 10 622 | 22 826 | 25 374 | 22 650 | 24 739 | 24 332 | 21 888 |

① 诺基亚公司的财务年度为日历年度。本文以 2003～2012 年 10 年间的报表为基础分析诺基亚的财务信息。

续表

| | 2003 | 2004 | 2005 | 2006 | 2007 | 2008 | 2009 | 2010 | 2011 | 2012 |
|---|---|---|---|---|---|---|---|---|---|---|
| 收入 | 29 455 | 29 267 | 34 191 | 41 121 | 51 057 | 50 710 | 40 984 | 42 446 | 38 659 | 30 176 |
| 营收增长率 | -1% | 17% | 20% | 24% | -1% | -19% | 4% | -9% | -22% | -1% |
| 净利润 | 3 592 | 3 207 | 3 690 | 4 366 | 6 746 | 3 889 | 260 | 1 343 | -1 488 | -3 789 |
| 净利润增长率 | -12% | 13% | 15% | 35% | -73% | -1 396% | 81% | 190% | 61% | -12% |
| 经营活动现金 | 5 244 | 4 343 | 4 144 | 4 478 | 7 882 | 3 197 | 3 247 | 4 774 | 5 244 | -354 |
| 投资活动现金 | -313 | -329 | 1 844 | 1 006 | -710 | -2 905 | -2 148 | -2 421 | -313 | 562 |
| 筹资活动现金 | -2 780 | -4 318 | -5 570 | -4 966 | -3 832 | -1 545 | -696 | -911 | -2 780 | -465 |

从资产负债表上看，截至2012年12月31日，诺基亚公司账面资产只有不到300亿欧元，比2008年末减少了100亿欧元，减少幅度达24%。而与此对应的是，流动资产占比也一路下降，样本期间的10年内其比例下降了16%。细分析可知，这个昔日“巨头”在被收购之前曾欲断臂求生，希望剥离越来越多的非核心资产而将“火力”集中在核心业务上，所以减少的都是固定资产，如出售芬兰总部大楼、停止芬兰工厂的智能手机生产、卖地求生。此外，诺基亚还将旗下的奢侈手机品牌Vertu卖给一家欧洲私募股权基金。这种断臂求生的做法是昔日手机行业龙头诺基亚风光不再、艰难求生的一个缩影。

从利润表上看，诺基亚公司的营业收入最高为2007年的510亿欧元，到2012年只有300亿欧元，减少了40%。净利润也从2007年的67亿欧元，到2012年亏损近40亿欧元。可见，2007年是该公司的一个经营拐点。2007年苹果推出高端智能手机的同时，诺基亚的利润下跌，将市场份额拱手让给了苹果和三星。在手机销售市场上“节节败退”后，诺基亚不得不在2013年将公司手机业务全盘出售给了微软。

与苹果公司的超级“现金牛”相反，诺基亚的净现金储备缩水严重，最低时只有10亿欧元左右（2009年底）。2013年初诺基亚公司采取裁员和关闭工厂等重组措施，并且为了将现金保留下来供公司扭转局面所用，即利用基于微软WindowsPhone软件的新产品与苹果和谷歌竞争，首次暂停派发2012年股息，终止了连续143年向股东派发股息的记录。然而种种努力之下，该公司的自由现金流仍然不足，截至2012年12月31日，诺基亚的自由现金流已经降至负8.12亿欧元，而同期苹果的现金流增加了447亿美元，三星也增加了75亿美元。由于自由现金流不足，其债券持有人也可能将面临前所未有的危险境地。全球三大评级机构也已经将诺基亚的债券评级列为垃圾级。

## （二）资金吃紧偿债成问题

表2　　偿债能力指标

| | 2003 | 2004 | 2005 | 2006 | 2007 | 2008 | 2009 | 2010 | 2011 | 2012 |
|---|---|---|---|---|---|---|---|---|---|---|
| 流动比率 | 2.43 | 2.45 | 1.96 | 1.83 | 1.54 | 1.20 | 1.55 | 1.55 | 1.46 | 1.43 |
| 速动比率 | 2.28 | 2.28 | 1.79 | 1.68 | 1.39 | 1.08 | 1.43 | 1.40 | 1.33 | 1.32 |
| 资产负债率 | 37% | 37% | 45% | 47% | 61% | 64% | 63% | 63% | 67% | 73% |

样本期间诺基亚公司的流动比率一路下滑，从2003年度的2.5下降到2012年度的1.4，说明企业短期偿债能力在逐年下降。其中，现金及短期投资占全部流动资产的比例一半左右，到2012年年底超过100亿元。这一方面吸引了微软对其发起的杠杆收购，另一方面也说明被收购之前的诺基亚在面对信息技术产业革命的漩涡时，没有及时加大对新技术的投资，而是孤注一掷在市场机遇面前过于谨慎保守而没有作出新投资决策。由于库存占比极低，所以速动比率与流动比率相差无几。

诺基亚公司的资产负债率一路高涨，从2003年的37%上涨到2012年的73%，不断亏损的手机业务让该公司的资产负债率日益恶化，再加上在智能机市场上与苹果、三星电子的激烈竞争，诺基亚的融资成本和债务谈判的压力愈发沉重。由于诺基亚未能利用微软WindowsPhone系统扭转其在智能机市场的下滑颓势，诺基亚遭遇更多亏损，烧掉更多现金，偿债能力更加令人担忧。2012年7月，债务评级机构穆迪第三次下调了诺基亚的债务评级至Ba3级。这一下调将诺基亚牢牢的钉在了垃圾级别债务的耻辱柱上。在被微软收购之前，为了让负债率摆脱垃圾评级，诺基亚曾寄希望于其他业务来提升销售额和利润率。这些业务包括诺基亚数字地图服务为亚马逊、微软、雅虎和4/5的车载导航系统提供地图数据，以及诺基亚研发部门收取诺基亚专利授权费用。

## （三）迟暮巨人周转受制于人

表3　　营运能力指标

| | 2003 | 2004 | 2005 | 2006 | 2007 | 2008 | 2009 | 2010 | 2011 | 2012 |
|---|---|---|---|---|---|---|---|---|---|---|
| 存货周转率 | 14.75 | 13.90 | 13.31 | 17.85 | 11.74 | 13.16 | 14.86 | 11.74 | 11.73 | 14.17 |
| 应付账款周转率 | 5.91 | 6.79 | 6.36 | 7.43 | 4.77 | 6.38 | 5.60 | 4.86 | 4.94 | 4.96 |
| 应收账款周转率 | 5.63 | 6.68 | 6.40 | 6.98 | 4.50 | 5.31 | 5.13 | 5.58 | 5.34 | 5.40 |
| 流动资产周转率 | 0.86 | 0.93 | 1.17 | 1.49 | 1.15 | 1.36 | 1.17 | 1.09 | 1.07 | 1.04 |
| 固定资产周转率 | 18.81 | 19.08 | 21.57 | 25.67 | 26.70 | 24.26 | 21.95 | 21.72 | 20.99 | 21.09 |
| 总资产周转率 | 1.23 | 1.29 | 1.53 | 1.82 | 1.36 | 1.28 | 1.15 | 1.08 | 1.07 | 1.01 |

与黑莓、三星、HTC、苹果等少壮派“新贵”的崛起相比，诺基亚这位昔日“元老”疲态渐显。在苹果公司的存货周转光环对比下，诺基亚就像一个迟暮的巨人，产品缺乏创新，存货周转速度无法提升。诺基亚的几

款曾经当红的手机在市场上已经卖了很久，市场缺乏新鲜血液来刺激。尽管一度身居全球手机销量榜首，但随着2006年黑莓手机风靡全球，2007年苹果推出颠覆产业链之作iPhone，诺基亚却没有一款手机能与其媲美。因渠道不畅、从伦敦、巴黎和斯德哥尔摩等证券交易所摘牌退市等负面因素的影响，诺基亚不断丧失自己的市场份额，将商业思维局限在传统模式中，多年来固守塞班阵营，对过往的成功路径过于依赖，没有创新的勇气。加上评级机构标准普尔与穆迪认为诺基亚发展前景暗淡均下调了对诺基亚的评级，更是让诺基亚雪上加霜。当苹果迷们深夜为购买苹果智能手机而排起长队，为苹果公司带来了每年超过70次的存货周转率时，诺基亚则由于手机毛利率连降，导致渠道抵触情绪蔓延。其结果是诺基亚的存货周转速度不及苹果公司的五分之一。

诺基亚公司的总资产周转率为1左右。虽然总资产周转率指标稳定，但这并不是一个健康的信息。原因是，与收入规模萎缩的同时，诺基亚公司断臂求生，不断剥离非核心资产而导致的资产规模也同步萎缩，从而导致总资产周转率持续不变。而其中最引人关注的是，诺基亚以1.7亿欧元的价格把位于芬兰埃斯波的总部大楼出售给房地产公司Exilion。诺基亚公司总部大楼被称为“Nokia House”或“NoHo”，位于芬兰埃斯波市，是该市海湾工业园区的中心建筑。虽然在惨淡的市场环境下卖掉固定资产改进效率已经成为最近全球科技界的一个潮流，但这幢建于1990年代的诺基亚公司总部大楼不仅仅是一项资产，更是诺基亚的一个精神象征。正是在这幢大楼中，诺基亚开始了击败摩托罗拉，登顶全球手机王者的黄金年代。然而这座大楼跟诺基亚一样，成为了历史。诺基亚因为自己的产品滞后、骄傲自负而付出了沉重的代价。

## (四) 业绩下降遭集体诉讼

表4　　盈利能力指标

| | 2003 | 2004 | 2005 | 2006 | 2007 | 2008 | 2009 | 2010 | 2011 | 2012 |
|---|---|---|---|---|---|---|---|---|---|---|
| 销售毛利率 | 41% | 38% | 35% | 33% | 34% | 34% | 32% | 30% | 29% | 28% |
| 销售净利率 | 12% | 11% | 11% | 11% | 13% | 8% | 1% | 3% | -4% | -13% |
| 总资产净利率 | 15% | 14% | 17% | 19% | 18% | 10% | 1% | 3% | -4% | -13% |
| 权益净利率 | 15% | 14% | 17% | 19% | 18% | 10% | 2% | 9% | -13% | -47% |

样本期间诺基亚公司的销售毛利率也一路下滑，从2003年的41%下降到2012年的28%，降幅达十多个百分点。手机业务曾经是诺基亚的利润奶牛，而样本期间单机毛利率持续走低。虽然在样本期间早几年诺基亚的智能手机领域出货量规模较大，但获利水平却越来越低于苹果。诺基亚产品价格的下降则进一步打压了其盈利空间。诺基亚公司自2010年开始以来推出的新产品数量偏少，是该公司产品价格下降的主要原因。诺基亚越来越依靠低端手机来拉动业绩。低端手机的平均毛利率不足30%，高端手机才是产生高额利润的产品，苹果智能手机毛利率高达70%以上，但诺基亚智能手机的毛利率却只有可怜的15.6%。

微薄的毛利不足以抵补企业的期间费用开支，所以诺基亚的利润从2011年开始转为亏损，随之而来的是销售净利率、总资产净利率和权益净利率变为负数，其中2012年其权益净利率为-47%。加之其股票的交易价格到被收购之前仅为两欧元多，不及2000年峰值65欧元的一个零头。这一切都让投资者耐心耗尽，甚至指责公司欺诈投资者，并对诺基亚发起了集体诉讼。

# 三、结束语

综上所述，诺基亚公司在被微软收购之前，其财务故事总结为：剥离资产断臂求生，资金吃紧偿债风险加大，毛利下降导致周转不力，业绩持续下滑受投资者集体诉讼。总结诺基亚公司经营失败的原因，大致有以下六个方面：

其一，战术失误，延误战机。2006 年，诺基亚因为手机价格低迷开始决定向“互联网”公司发展，展开了一系列收购，并豪掷百亿欧元的资金用做软件开发，但却忽视市场营销、渠道建设等问题，忽略了用户体验和市场惯性，为自己的未来埋下了“祸根”。

其二，平台之失。诺基亚拒绝加入安卓阵营，而是每年投放十数亿欧元在塞班系统上，又与英特尔联手打造全新的移动终端操作系统 MeeGo。诺基亚浪费的不仅是财力、人力、物力，还眼睁睁地看着竞争者赶超了自己。满身非议后，诺基亚又慌不择路“移情”微软。在战略摇摆的过程中，安卓阵营等竞争对手抓住了机会，蚕食诺基亚的市场，而 Windows-Phone 生态却又迟迟落后于其他系统，最后导致诺基亚独木难支，从而被微软“抄底”。

其三，技术与创新匮乏。从模拟手机到数字手机时代，诺基亚靠品质、技术成为业界大佬。提升屏幕分辨率，选择卡尔蔡司摄像头，都是诺基亚开创的先河。然而诺基亚却最后败在了技术和创新上。在功能手机时代，诺基亚引领消费趋势，是当之无愧的王者。但是随着互联网的迅速发展，消费者对于手机的需求已经不是简单的满足在通话、短信等层面，而变成了随时随地的娱乐和互联网应用。诺基亚固守已研发出的手机功能，没有真正的抓住消费者在移动互联网时代的智能化的消费趋势，导致其在产品的创新方向上远远落后竞争对手。2007 年苹果智能手机来了，紧接着安卓手机来了，三星、HTC 来了，这些手机依托于新的软件系统，已经不再主打基础功能，而是娱乐和应用。所以说，如果没有苹果，诺基亚照样会遇到设计创新的冲击。

其四，官僚主义严重。诺基亚有无数个领先竞争对手的机会，但是诺基亚的执行文化和不恰当的评估标准阻断了创新的可能。在诺基亚，层级管理、汇报制度非常严格，每一个小会就要牵动几个部门来完成，邮件上报、层层审批等待的时间往往长于执行的整个过程。而且最后陷入困境中的诺基亚只专注单个产品创新，而未能着眼于整个手机生态系统的创新。智能手机的市场消费重点已经不仅仅于手机质量的比拼，更在于操作平台和用户体验。诺基亚把翻身机会寄托在搭载 WindowsPhone 的几款精美手机上，却并没有真正建立起基于开发者的手机应用平台生态系统，满足消费者个性化的应用软件的需求。2011 年，第一款 Lumia800 的 WP 应用平台也没有带给消费者比安卓和苹果更好的体验，诺基亚无法借此机会在短期内起死回生。

其五，固步自封，成本战略走偏。高效率的成本控制思维也抑制了诺基亚的创新。诺基亚因为曾经高达 80% 的市场占有率的记录而不愿放弃落后的塞班系统，核心能力变成了核心障碍，困住了自己。

其六，面对破坏性创新的竞争对手，不能引领消费潮流。面对破坏性创新的竞争对手，闭门造车的老大哥们注定要失败，因为它们别无选择地走向末路。苹果智能手机的出现使得像诺基亚从全球手机业的行业老大沦落到被并购的地步，是因为苹果利用了日益完善的触控技术及飞速发展的移动互联网技术，在原先手机业趋向于饱和、利润空间低的境况下，找到了整个行业新的增长点，从此引领通信业进入智能手机时代，互联网也进入了移动互联网时代。

# 故事八：新经济的奇迹——脸书网

## 一、脸书网的品牌故事

21 世纪互联网奇迹的创造者之一的脸书网（Facebook）是美国著名的社交服务网站，也是全球第一大社交网站及世界排名领先的照片分享站点。2013 年美国知名科技博客网 Business Insider 根据互联网流量监测机构 Com Score 的统计数据列出的全球最大网站前 20 名榜单上，名列榜首的是脸书网；2014 年全球最具影响力的市场研究机构 MillwardBrown 调研得出的全球“最有价值品牌排行榜”上，脸书网也位列品牌价值升幅的前十位。全球著名品牌咨询公司 Interbrand 公布“2014 年全球企业品牌价值排行榜”（Best Global Brands）。脸书网凭借 143.49 亿美元的品牌价值名列第 29 位。

脸书网的总部在旧金山的加利福尼亚大街，其创始人马克·扎克伯格在哈佛大学读二年级时，发明了一个名为 Facemash 的程序，并建立网站，但该网站一周后被迫关闭。2004 年脸书网成立后，几周时间内便吸引了哈佛大学一半以上的学生登记加入会员。不久，网站扩展到美国主要的大学校园。如今，脸书网月活跃用户量超过 10 亿，用户遍布全世界各地，包括美国总统奥巴马、英国女王伊丽莎白等政界名人。2012 年 5 月 18 日，成立仅八年时间的脸书网正式在美国纳斯达克证券交易所上市，创始人马克·扎克伯格也因此成为全世界最年轻的富翁。

扎克伯格最初创建脸书网的理念是为了践行这样的一种社会使命：让世界更加开放，更加紧密相连。好记顺口的网址是脸书网得以红遍世界的一大功臣。脸书网开始的名称是叫做“TheFacebook”，2005 年 8 月以 20 万美元的代价买到现在的“facebook. com”网址，正式更名为“Facebook”。2015 年 3 月，脸书网的市值高达 2 316 亿美元，跻身标准普尔 500 成分股市值第 10 名。

## 二、脸书网公司的财务报表分析[①]

### （一）轻资产撬动新未来

表 1　　　　脸书网的基本财务数据　　　　单位：百万美元

| | 2010 | 2011 | 2012 | 2013 | 2014 |
|---|---|---|---|---|---|
| 现金及短期投资 | 1 785 | 3 908 | 9 626 | 11 449 | 11 199 |
| 资产总额 | 2 990 | 6 331 | 15 103 | 17 895 | 40 184 |
| 总资产增长率 | | 112% | 139% | 18% | 125% |
| 固定资产占比 | 27% | 30% | 22% | 23% | 14% |
| 营收 | 1 974 | 3 711 | 5 089 | 7 872 | 12 466 |

① 脸书网的财务年度为日历年度。本文研究样本为脸书网 2010 ~ 2014 财年的 5 份年报资料。

续表

| | 2010 | 2011 | 2012 | 2013 | 2014 |
|---|---|---|---|---|---|
| 营收增长率 | | 88% | 37% | 55% | 58% |
| 净利润 | 606 | 1 000 | 53 | 1 500 | 2 940 |
| 净利润增长率 | | -96% | 1 787% | -39% | 1 787% |
| 运营活动现金 | 698 | 1 549 | 1 612 | 4 222 | 5 457 |
| 投资活动现金 | (324) | (3 023) | (7 024) | (2 624) | (5 913) |
| 融资活动现金 | 781 | 1 198 | 6 283 | (667) | 1 571 |

从资产负债表上看，在脸书网公司2010～2014年5份年报中，其账面资产从30亿美元飞涨至2014年的400亿美元。其中，2011、2012和2014年度以超过1倍的速度增长。增长的背后是公司扩张的步伐。自从2007年收购第一家公司尝到甜头以来，脸书网对于收购的重视程度与日俱增。如今，脸书网平均每年收购9家公司以扩充人才储备和推广产品。其中，最有影响力的一次并购是2014年斥资190亿美元收购美国即时通讯应用WhatsApp。不同于谷歌在各个领域并购，脸书网的并购主要专注于扩张和优化其在社交领域的核心业务，以增强核心竞争力、获得新用户。此外，在公司的总资产中，固定资产占全部资产的比重越来越少，2014年只有14%，可见脸书网属于名副其实的以知识为基础的行业的“轻资产”公司。

脸书网的收入主要由两部分构成，分别为广告收入和开发者分成收入。随着公司规模的迅速扩大，活跃客户数量不断增加，公司的营收规模也越来越大。从利润表上看，脸书网公司2010～2014年5个财年的收入从20亿美元狂升至125亿美元，其中，公司业务中通过将付费营销信息直接插入用户的消息和内容中的新闻广告业务一项就激发了营收成长极大的潜力，公司营收中有90%来自广告收入。同期，公司的净利润一路高歌，从2010年的6亿美元升至2014年的近30亿美元。可以预见，随着移动广告业务的快速增长，脸书网的盈利势头预计还会出现惊人的增速。目前，脸书网已经成功地将巨大的流量和数据转化成商业营收和盈利，其移动广告市场份额正在接近谷歌公司，并大有超越谷歌的势头。

2010～2014财年间，虽然脸书网每年的投资活动的现金净流出量非常巨大（2012财年以70亿美元的金额达到公司史上最高投资支出），但与此同时，公司营运活动产生现金流量的能力也越来越强，加上融资活动产生的现金净流入量，脸书网的现金流量已经于2009年提前于计划期间而转正，即公司获得现金的速度超过了花钱的速度，而此前脸书网的创始人马克·扎克伯格估计要到2010年才可能出现正的现金流。同期，公司账面现金及现金等价物加上短期投资的金额也增加较快，从18亿美元升至近100亿美元。坐拥超过百亿美元的巨量现金，即便其股票不再成为市场流通中的决定性担保物，脸书网仍有机会通过收购进入新兴市场、发展移动业务、致力于电子书业务、准备对付法律官司和向股东派息，以谋求公司更快的发展，迎接公司的新未来。然而，脸书网未来将进行一系列大规模的人才和广告技术投资，以确保公司的未来成功，但同时公司的现金开支需要将增长50%至70%。

## （二）短债稳定长债清零

表2 偿债能力指标

| | 2010 | 2011 | 2012 | 2013 | 2014 |
|---|---|---|---|---|---|
| 流动比率 | 5.77 | 5.12 | 10.71 | 11.88 | 9.60 |
| 速动比率 | 5.77 | 5.12 | 10.71 | 11.88 | 9.60 |
| 资产负债率 | 28% | 23% | 22% | 14% | 10% |

2010～2014财年脸书网公司的流动比率也高得惊人，并且直线上升，从2010年的5.8升至2014年的10倍左右。需要指出的是，维持如此高的流动比率，一方面是依靠脸书网占全部资产75%左右的流动资产“存量”（截至2014年12月31日有137亿美元），另一方面，其流动负债规模相对较低（截至2014年12月31日只有14亿美元），且流动负债的金额一直处于较为稳定的水平。一般而言，这也是一种是最正统、最安全的方式。与强劲的短期偿债能力一样，脸书网的长期资本结构也相当保守，且杠杆水平还在不断降低。2010～2014年5个财年中脸书网公司的资产负债率从28%降至10%，5年之内下降了一大半以上。需要指出的是，2013年年底，脸书网上的长期债务为零，长期负债中只有资本租赁债务产生的负债。

## （三）轻资产成重武器

**表3　　营运能力指标**

| | 2010 | 2011 | 2012 | 2013 | 2014 |
|---|---|---|---|---|---|
| 应付账款周转率 | 15 354.90 | 33 609.01 | 14 841.85 | 19 484.97 | 5.70 |
| 应收账款周转率 | 5.29 | 6.78 | 4.35 | 6.79 | 7.43 |
| 流动资产周转率 | 0.88 | 0.81 | 0.45 | 0.60 | 0.91 |
| 固定资产周转率 | 2.41 | 1.93 | 1.55 | 1.90 | 2.16 |
| 总资产周转率 | 0.66 | 0.59 | 0.34 | 0.44 | 0.31 |

基于轻资产公司的共同特征，脸书网公司的流动资产是固定资产规模的近3倍，加之公司的年周转额（营业收入）增长迅速，成就了公司较为特殊的流动资产周转率和固定资产周转率。2010～2014年脸书网公司的流动资产周转率接近1次/年的水平，而同期固定资产周转率更是高达每年

两次，这还是用固定资产的账面原值计算的，若用折旧后的净值，上述周转率指标还要更高。脸书网的“轻资产”经营模式摆脱了传统重资产公司的高成本和低效率，进而获得高额的、持续的盈利和竞争优势，通过“四两拨千斤”效应，成了企业发展中提高营运效率的“重武器”。

## （四）从炫酷到赚大钱

表 4　　　　盈利能力指标　　　　单位：百万美元

| | 2010 | 2011 | 2012 | 2013 | 2014 |
|---|---|---|---|---|---|
| 销售毛利率 | 75% | 77% | 73% | 76% | 83% |
| 经营费用 | 305 | 707 | 1 788 | 1 778 | 2 653 |
| 研发费用 | 144 | 388 | 1 399 | 1 415 | 2 666 |
| 研发费用增长率 | | 169% | 261% | 1% | 88% |
| 经营研发费用占收入比 | 23% | 30% | 63% | 41% | 43% |
| 销售净利率 | 31% | 27% | 1% | 19% | 24% |
| 总资产净利率 | 20% | 16% | 0% | 8% | 7% |
| 权益净利率 | 28% | 20% | 0% | 10% | 8% |

“只想做点炫酷的东西”是脸书网最开始所奉行理念。2012 年 5 月上市之初，正好碰到美股科技股泡沫临近破灭的危机，脸书网被众多机构极为看空，并被预测将“非死不可”。但随后公司公布的亮丽的业绩成为了其打破科技股泡沫的“黑天鹅事件”魔咒的“杀手锏”，其中快速增长的移动广告业务是为这家社交媒体巨头带来持续回报的功臣。在快速增长的营收支持下，脸书网的毛利率较高，2010 ~ 2014 年 4 个财年从 75% 直逼 83% 。可见，脸书网的销售成本在总成本费用中所占比例不大，而销售、常规、行政费用和研究开发费用是脸书网的最重要成本费用项目。其中，

研发费用在4年内一直处于大幅度增长态势。在营收规模超前增长的同时，脸书网的营销和研发两项费用都与营业成本大致同步，两项费用之和占营收的比例最高时高达63%。扣除掉营销及研发费用后，2010～2014年4年内脸书网的销售净利率虽然有所波动，但大多数年份高于20%。

由于净利润上涨的速度低于总资产规模和总股本规模的上涨，同期4年的样本期间脸书网公司的总资产净利率从20%下降到8%，权益净利率从28%下降到10%。

## 三、结束语

脸书网的愿景是巩固人与人之间的联系、改善人们与企业和经济体系的联系及改变人们与政府和社会机构的联系。从前文可知，脸书网公司的财务故事总结为规模越变越大、债务越来越少、周转仍旧通畅，利润还会高长。然而目前脸书网仍然饱受争议。究其原因，可能有以下几条罪状：第一，脸书网让人痛苦。脸书网破坏了日常人际关系，人们与好友不再见面，而是聊天；网站的图片也会引起忧虑和沮丧，比如，朋友圈中有人发布自己得到好工作的消息，但有些看到后会平生烦恼，从而降低了人们日常生活的幸福感。第二，用户讨厌变化，使得公司进行重大创新越来越困难了。第三，遭到学校审查。有些大学为了保护自己的形象，对学生发布在脸书网的消息采取应对措施，还有学校用工具监视学生账号。第四，前后围攻者众多。许多投资人、创业家正在努力打造更好的社交网。第五个问题：无法建立大型业务。有人认为脸书网是下一个谷歌，但目前仍相距甚远。谷歌有完美的广告产品，脸书网也会根据用户喜好判断广告发布，但没有谷歌有效。

扎克伯克对脸书网的展望是：未来3年继续发展和服务当前的社区和

业务；未来5年是发展下一代服务软件，Instagram、Messenger、WhatsApp和Search，帮助它们连接数十亿用户，成为其各自领域的重要业务；未来10年是推进世界出现一些根本性变化，连接整个世界，利用更先进的人工智能技术了解世界，开发下一代平台，尤其是计算领域的平台。这样的愿景值得我们大家的共同期待！

# 故事九：雅虎的野蛮生长

## 一、雅虎的品牌故事

20 世纪末互联网奇迹的创造者之一的雅虎（Yahoo!）是美国著名的互联网门户网站，同时也是一家全球性的因特网通讯、商贸及媒体公司，为全球亿万用户提供多元化的网上服务。在市场研究机构明略行（MillwardBrown）发布的 2013 年度“BrandZ 全球百大品牌价值排行榜”上，雅虎品牌以 98 亿美元的价值重回百强榜单之列。2014 年，该品牌价值继续大涨 44%，达 142 亿美元。

1994 年，美国斯坦福大学电机工程系的博士生大卫·费罗（David Filo）和台湾华侨杨致远（Jerry Yang）凭借大杉创投公司 400 万美元的投资，建立起自己的互联网向导，名为“杰瑞的万维网向导”，并于 1994 年根据《格列佛游记》更名为“YAHOO!”。1995 年 3 月 1 日大卫·费罗和杨致远意识到网站拥有巨大的商业潜力，便在加利福尼亚州森尼韦尔市成立了公司。1996 年，雅虎公司正式首次公开募股，取得了巨大的成功，雅虎一度几乎成了互联网的代名词。如今，雅虎已经成为最为人熟悉及最有价值的因特网品牌之一，在浏览量、网上广告、家庭或商业用户接触面等方面，雅虎都居于全球领导地位。

“Yahoo”的含义是“另一个层次化的、非正式的预言”，大卫·费罗和杨致远则认为选择这个名称是因为他们认为自己是yahoo（野蛮人）。本文以雅虎公司2010～2014年4份财报的数据为基础对雅虎“野蛮人”的财务故事进行解读。

## 二、雅虎公司的财务报表分析①

### （一）转基因雅虎

表1　　雅虎公司的基本财务资料　　单位：百万美元

| | 2009 | 2010 | 2011 | 2012 | 2013 | 2014 |
|---|---|---|---|---|---|---|
| 现金及短期投资 | 1 275 | 1 526 | 1 562 | 2 668 | 2 078 | 2 668 |
| 资产总额 | 14 936 | 14 928 | 14 783 | 17 103 | 16 805 | 61 960 |
| 总资产增长率 | | 0% | -1% | 16% | -2% | 269% |
| 营收 | 6 460 | 6 325 | 4 984 | 4 987 | 4 680 | 4 618 |
| 营收增长率 | | -2% | -21% | 0% | -6% | -1% |
| 净利润 | 605 | 1 245 | 1 063 | 3 951 | 1 377 | 7 532 |
| 净利润增长率 | | 106% | -15% | 272% | -65% | 447% |
| 运营活动现金 | 1 310 | 1 240 | 1 324 | (282) | 1 195 | 89.7 |

① 雅虎公司的财务年度为日历年度。本文研究样本为脸书网2009～2014财年的6份年报资料。

续表

| | 2009 | 2010 | 2011 | 2012 | 2013 | 2014 |
|---|---|---|---|---|---|---|
| 投资活动现金 | (2 419) | 510 | 202 | 3 362 | (23) | 3 762 |
| 融资活动现金 | 35 | (1 502) | (1 456) | (1 979) | (1 744) | (4 022) |

从资产负债表上看，在雅虎公司2009～2014年6份年报中，其账面资产从150亿美元飞涨至620亿美元。其中，2012年度公司规模达到此前的史上最高水平，其原因是这一年也是公司史上收购最疯狂的一年。2012年新上任的CEO玛丽莎·梅耶尔一年内疯狂收购了19家公司，几乎完成公司史上四分之一的并购业务。即使2014年上榜成为美国人民心目中最差的公司之一，也不能阻止雅虎公司在这一年中资产总量增加269%，而且主要增加项目为长期投资。通过收购投资其他企业，雅虎不仅取得了被收购的移动互联网公司商业模式上的价值，还获得了一批移动互联网领域的顶尖级人才，提高了团队的优越性，优化了人力资源结构。由于所收购的公司大多从事不同的行业，即公司通过收购把一些必要的“零件”聚到一起，并重点围绕移动业务对公司战略进行重新规划。疯狂收购的策略之后的雅虎被称为“转基因雅虎”。在公司的总资产中，尽管流动资产占全部资产的比重只有30%，但互联网公司雅虎仍属于名副其实的“轻资产”公司，因为商誉及其他入账的无形资产占全部资产比重超过30%，加上长期股权投资占比也接近30%，而固定资产占比不及10%。由此可见雅虎公司属于典型的以知识为基础的行业（Knowledge－basedIndustry）。

在网络广告产业整体增长的情况下，作为全球最大的门户网站之一，雅虎的营收却逆市下滑。从利润表上看，雅虎公司2009～2014年6个财年的收入从64亿美元降至46亿美元，净利润分别为从6亿美元上升至75亿美元。其中，2012年业绩激增至净利润为39.45亿美元，同比增长

276%，主要是因为雅虎在当年出售部分持有的阿里巴巴集团股份获得了27.55亿美元的一次性收益。2014财年报表中计入了出售阿里巴巴集团股票所得的63亿美元收益。除去这一项在报表上列作是“资产出售收益（亏损）”项目的影响，雅虎的营收盈利都让其复兴之路荆棘丛生。作为全球用户量最大的网站之一，雅虎并不能将庞大的用户量转为自身的利润。曾经有媒体指责雅虎如同一家“僵尸公司”，在制止营收盈利下滑上没有作为，并多次错过了与谷歌和微软合作的机会。

在雅虎公司2009~2014年6份财报上，现金及现金等价物从13亿美元慢慢增至21亿美元，相对于老对手微软公司的850亿美元、富可敌国的苹果公司1 600多亿美元的现金储备而言，雅虎的现金量只有九牛一毛。虽然现金储备情况不佳，但雅虎丝毫未减缓收购事宜，这种“开流节源”的做法令人担忧。雅虎不仅在现金流量方面拼不过对手，在质量方面更是无处可比。需要指出的是，2014年雅虎拥有24%的股份的阿里巴巴集团在美国成功首次公开募股，且市场表现良好。雅虎若选择出售所持的部分阿里巴巴的股份，可能会增加手头的现金储备量，然后再用这笔增加的现金储备进行大规模的并购交易。然而多数被雅虎收购的初创公司都未得“善终”，大多都在收购完成之后以倒闭告终，所以有人指责雅虎这种收购一系列新创公司之后将其关闭的做法是在扼杀互联网的未来。

## （二）举债回购股票

**表2　　偿债能力指标**

| | 2009 | 2010 | 2011 | 2012 | 2013 | 2014 |
|---|---|---|---|---|---|---|
| 流动比率 | 2.67 | 2.67 | 2.86 | 4.38 | 3.75 | 2.14 |
| 速动比率 | 2.67 | 2.67 | 2.86 | 4.38 | 3.75 | 2.14 |
| 资产负债率 | 16% | 16% | 15% | 15% | 22% | 37% |

2009～2014财年，雅虎公司的流动比率为2～4倍，维持如此高的流动比率，是雅虎用占全部资产三分之一左右的流动资产“存量”（截至2014年12月31日接近100亿美元）来应对可能的现金周转问题。一般而言，这也是一种最正统、最安全的方式。与强劲的短期偿债能力一样，雅虎的长期资本结构也相当保守。2009～2014年雅虎公司的资产负债率从16%升至37%。2013年负债率的陡增是因为雅虎在当年发行了12.5亿美元的可转换高级债券以实现公司的诸多发展目标，例如并购业务、其他战略交易、回购更多的公司普通股和补充运营资本等。其中，股票回购项目耗资高达50亿美元，雅虎期待通过此举支撑阿里巴巴在短期内给公司股价带来的提振。回购雅虎股票、回报股东，这也是雅虎向外界传达公司对未来充满信心的信号。

## （三）跌出排行榜

表3　　周转能力指标

| | 2009 | 2010 | 2011 | 2012 | 2013 | 2014 |
|---|---|---|---|---|---|---|
| 流动资产周转率 | 1.41 | 1.46 | 1.44 | 0.88 | 0.93 | 0.48 |
| 固定资产周转率 | 2.32 | 2.04 | 1.46 | 1.26 | 1.30 | 1.18 |
| 固定资产占比 | 19% | 21% | 23% | 23% | 21% | 6% |
| 总资产周转率 | 0.43 | 0.42 | 0.34 | 0.29 | 0.28 | 0.07 |

2009～2014年雅虎公司的固定资产周转率最高时达到2.3次/年（2009年），最低时为2014年的1.18次/年。这是用固定资产的账面原值计算的，若用折旧后的净值，上述周转率指标还要高出一倍多，但这并不代表该公司的周转效率。雅虎公司的年周转额（营业收入）持续低迷，但

公司的固定资产只占全部资产的20%，扣除累计折旧后的固定资产净值不到全部资产的10%。若考察其总资产周转率便可见端倪。样本期间内，其总资产周转率从0.43降至0.07次，大大低于公司的竞争对手微软公司。公司周转乏力主要是因为营收下滑，2013年的营收下降6.1%至46.8亿美元。由于这一营收规模未能达到上榜门槛，2014年的雅虎9年以来首次跌出《财富》美国500强排行榜。在雅虎的营收比例中，被称作是公司“传统现金牛”的网络广告收入是主力。但曾经是显示广告业老大的雅虎公司的网络广告收入持续下跌，先后被谷歌、脸书网超越，2014年又将被微软超越。

## （四）股东盼回报

**表4**

单位：百万美元

| | 2009 | 2010 | 2011 | 2012 | 2013 | 2014 |
|---|---|---|---|---|---|---|
| 销售毛利率 | 56% | 58% | 68% | 68% | 71% | 72% |
| 销售净利率 | 5% | 13% | 12% | 66% | 10% | 140% |
| 总资产净利率 | 4% | 8% | 7% | 23% | 8% | 12% |
| 权益净利率 | 5% | 10% | 8% | 27% | 10% | 19% |
| 经营费用 | 1 826 | 1 752 | 1 619 | 1 642 | 1 700 | 1 809 |
| 研发费用 | 1 210 | 1 029 | 919 | 886 | 1 008 | 1 207 |
| 经营费用和研发费用占比 | 47% | 44% | 51% | 51% | 58% | 65% |

雅虎公司的毛利率较高，2009～2014年6个财年分别为56%、58%、68%、68%、71%和72%，虽然这样的毛利率水平明显低于微软公司，但一直处于上升趋势。雅虎公司的销售成本在总成本费用中所占比例不大，而销售/常规/行政费用和研究开发费用是雅虎的最重要成本费用项目。本

文研究的样本期间，虽然营收规模在不断下降，但雅虎公司的上两项费用总和占营收的比例一直比较高且不断攀升，2009~2014 年分别为 47%、44%、51%、51%、58% 和 65%。2013 年的销售/常规/行政费用和研究开发费用合计数为 30 亿美元，是销售成本的 2.5 倍。其中，研发费用在 4 年内波动较大，2009~2012 年一直下降，主要是因为雅虎公司对研发开支的削减。2013 年雅虎开始关注对新项目的投资，由首席科学家、美国国防高级研究计划局（DARPA）前科学家罗恩·布拉奇曼（RonBrachman）领导的雅虎研究院大力招揽扩充研究队伍，吸引硅谷顶级人才，开始雅虎研发创新的振兴之路，研发费用大幅增加。扣除掉营销及研发费用后，2009~2014 年雅虎公司的销售净利率分别为 13%、12%、65% 和 10%。除去 2012 年的特殊情况外，公司的销售净利率一直处于下降趋势。2012 年的特殊情况是上文所提及的因当年出售阿里巴巴股份而获得的一次性收益。2014 年的数据则是受到出售阿里巴巴集团股票所得的 63 亿美元收益的影响，出现波动，使得销售净利率指标反常。

同样，如果排除异常事件收益的影响，雅虎公司的总资产净利率和权益净利率均表现平平。雅虎的股东在等待“转基因雅虎”何时能为股东带来回报。由于没能把握住互联网+产业的发展机遇，曾经的“猛虎”般的雅虎被沦为“哑虎”。

## 三、结束语

综上所述，雅虎公司的财务故事总结为规模在缩小、负债在增长、排名在下跌、回报在下降。可见，雅虎出了问题，这是不可回避的现实。雅虎要实现整体增长仍需要很长时间。究其原因，可能有以下几条：其一，雅虎将自己定位于一家媒体公司，而不是技术公司，但互联网业务主要依靠技术推动，这使得雅虎在市场发生变化时缺乏应付业务转型的技术准备。其二，雅虎涉及过多的领域，业务大而不精。其三，技术存在系统性缺陷，影响广告服务的质量。其四，缺乏对产品的有效整合和管理。最后，雅虎没有具有生命力的公司价值观。雅虎创始人杨致远奉行“等待最好的时机，而不是时时刻刻抢第一”的价值观，而这种缺乏积极进取的公司文化使得雅虎对技术创新的热情不高，在市场环境发生变化时反应迟缓。

今天的雅虎如同当年险些衰亡的苹果公司，然而雅虎没有乔布斯，王者归来的故事也许永远不会上演，我们可能很难再次见证“野蛮人”野蛮生长的奇迹。

下篇

# 奢侈品品牌

# 故事一：贪婪蛇路威酩轩

## 一、路威酩轩的品牌故事

LVMH
MOËT HENNESSY. LOUIS VUITTON

法国酩悦·轩尼诗－路易·威登集团（Moët Hennessy-Louis Vuitton，LVMH 集团，中文简称路威酩轩集团）是当今世界最大的奢侈品集团，在销售额、市值、影响力等方面都处于世界奢侈品界第一的位置。作为一家法国上市公司，路威酩轩集团是巴黎 CAC40 指数成份股，旗下拥有 50 多个品牌，是独一无二的国际知名品牌组合。通过多年的经营，路威酩轩成了全世界最高贵的品牌和最深厚的传统的不二代名词。

路威酩轩有着悠久的历史，旗下香槟、烈酒和皮革制品分部的企业大都有着百年以上的历史，有的甚至已经超过两个世纪。路威酩轩的主要历史要从路易威登、酩悦和轩尼诗三个部分说起。

路威酩轩集团中最有名的品牌路易威登（Louis Vuitton）成立于 1854 年，其创始人是生于法国乡村一个木匠家庭的路易·威登。1854 年，路易·威登用自己的名字作为商品品牌，开设了第一家专门制造和出售旅行箱包的店铺，并将店铺设在巴黎市中心的歌剧院附近。路易威登推出的箱包具有出色的设计和精细的手工，轻巧耐用、结实防水，很快名扬欧洲，吸引了很多王公贵族。1885 年，路易威登在伦敦的牛津街开设了首家海外分店。此后，路易威登就开启了不停革新和拓展的步伐。

路易威登让世人认识度最高的字母组合图案是由路易威登的第二代掌门人乔治·威登于 1896 年设计的。其皮件表面的 LV 交叉字母、四瓣花朵与正负钻型花系列的标记已经成为路易威登品牌的象征性标识，即使在路易威登产品多样化发展的今天，这一个使用了一百多年的标记仍具有不可取代的历史地位。历年来，路易威登推出了多项经典设计。路易威登旅行用品的设计非常独到，无论人们的要求有多苛刻，他们总能在路易威登产品中得到满足。路易威登推出的第一件旅行用皮件是 Trianon 行李箱。这是一种木制长方型框架、表面覆盖路易威登独创布料的皮箱，外型美观，轻巧牢固。两次世界大战期间，欧洲不少汽车上都配备着防水防尘的路易威登行李箱。在早期的路易威登行李箱内，就已经专门设计了存放相机等易碎品的空间，而用锌和樟木制成的密封防水行李箱，可以抵御湿热多虫的气候。今天，路易威登除了秉承传统优良的皮革工艺之外，仍不断研究开发新产品，它延伸出来的皮配件、丝巾、笔、手表甚至服装，都是路易威登精致舒适的旅行哲学的体现。路易威登耐用皮具采用的皮料大部分具防水及防磨损性能，线脚坚韧牢固，极具气派。1997 年，纽约年轻的设计师马克·贾各布出任路易威登集团设计总监。他开创的时装系列给象征巴黎传统的路易威登品牌注入了新的活力。马克·贾各布提倡“从零开始”的极简哲学，结合路易威登古典气派的形象，将路易威登的传统字母组合图案印压在糖果色漆皮皮具上，配以简约的服装系列，引领路易威登的产品形象趋向时尚活泼，此举获得全球时装界的一致喝彩。今天，路易威登每隔 1 个月就会推出各种旅行箱、提包、背包、皮夹的新款式，而且每个正品路易威登皮具都有一个用来鉴别真伪的独特编号印压在一个不显眼的地方。路易威登形象专业低调又不失高贵，是当之无愧的全世界高档皮具生产业的头号企业。

全球最受欢迎的香槟酒品牌之一酩悦（Moët）香槟起源于1743年。传说被称作“葡萄酒之父”的圣本笃修士当贝里昂（Don Perignon）发明了香槟酒之后，酒厂创始人克劳德酩悦（Claude Moët）着手试酿香槟酒。当地得天独厚地质和气候条件为酩悦香槟提供了最好的原料。精益求精的酿制过程更使法国酩悦馥郁芳香、口感绵延持久。后来，拿破仑一世相当喜爱“酩悦”香槟，并赐其“Imperial（皇室香槟）”的美誉，“酩悦”香槟从此扬名开来。270多年，酩悦香槟始终是成就与魅力的典范，是辉煌传统和摩登愉悦的代名词。到目前为止，酩悦香槟已成为法国最具国际知名度的香槟。酩悦香槟的起源地法国的郊游乐园，现已改名为香槟大道。酩悦香槟中的名品是“Brut Impérial”。“Impérial”一词既有高级的意思同时也是皇家的象征。Brut Impérial 以三种不同的用于配置香槟的葡萄和谐调配而成，丝丝酒香中夹杂着白柠檬和葡萄花蕾的芳香，蕴含着千变万化的特性，口感丰富，饮后令人回味无穷，而且其酒质多年不变，十分稳定。为了占领年轻人的市场，近年来酩悦推出了小瓶装的香槟，并制造了香槟酒的消费潮流。小瓶装香槟不是倒进杯内饮用，而是以饮筒啜吸。据说这种饮法在模特儿圈子中先流行开来，女模特为了避免表演过程中弄花口红，却又需要饮品来解渴，因此一切饮品都是饮筒啜吸。

轩尼诗（Hennessy）由爱尔兰人李察·轩尼诗创立于1765年法国康那克。李察·轩尼诗被派驻法国西南部加农干邑地区的雷岛驻防，期间他所取得的“英勇证书”（Certificate on Brave and Gallant）成为后来轩尼诗酒厂的标志。退伍后创办了 Hennessy Connelly & Co 公司，在夏朗德河畔酿制干邑，并称之为“生命之水”（eaux - de - vie）。轩尼诗干邑以其超卓品质和精致品味而大受法国国王路易十五世和凡尔赛宫贵族的推崇。1815年受法国皇帝路易十五世颁发书函，将轩尼诗定为国会主要供应酒商。现在，轩尼诗秉承其家族最为严格的制酒工序、力臻完美的制酒传统、严谨有序的生产环节，并坚持其原创精神，最终打造出高级干邑之标准。轩尼诗作为世界销量第一干邑，已经成了白兰地酒的代名词，也成为了法国的象征。

1971年，轩尼诗干邑与酩悦香槟结盟，诞生了著名酒业集团酩悦轩尼诗。1987年，酩悦轩尼诗集团再次与有世界顶级皮具品牌之称的路易威登结盟，组成全球第一奢侈品集团路威酩轩集团。1987年被称为世界奢侈品教父、精品界的拿破仑的法国头号富翁伯纳德·阿诺特（Bernard Arnault）将路易威登与酩悦轩尼诗合并。此前的1984年，伯纳德·阿诺特以抵押家族企业为代价，成功收购了破产纺织集团——布萨克。布萨克集团旗下包括日后大红大紫的服装和化妆品品牌——迪奥。阿诺特凭借卓越的经营智慧，在两年内让迪奥起死回生，他因此被人们称为“复活品牌的魔术师”。此后，伯纳德·阿诺特收购品牌的热情不断高涨。阿诺特不停地挥动手中的魔术棒，让许多衰老的品牌重获生机，起死回生。1987年，阿诺特收购路易威登，他独到的时尚奢侈品经营理念让这个衰老的品牌重新焕发生机。2000年，他又收购了奄奄一息的衰老品牌赛琳（Celine），将其形象重新包装后，推出一系列现代女性风格产品，迅速在全世界职业女性中风靡。伯纳德·阿诺特能把创意与理财完美地融合。通过创意和商务的相互制衡，让路威酩轩旗下的奢侈品品牌不断焕发出新鲜的诱惑。现在，作为世界上最大的奢侈品集团，路威酩轩大力开拓发展中国家的市场。伯纳德·阿诺特把自己形容为传播法国遗产和文化的大使，他说：“我们创造出的产品是一种象征，就像凡尔赛宫的象征意义一样。”阿诺特目光长远，不仅仅看中数字上的成就，他更致力于让自己的时尚奢侈品牌影响整个世界。

目前，路威酩轩集团主要业务包括以下五个领域：葡萄酒及烈酒（Wines & Spirits）、时装及皮革制品（Fashion & Leather Goods）、香水及化妆品（Perfumes & Cosmetics）、钟表及珠宝（Watches & Jewelry）和精品零售（Selective Retailing）。路威酩轩的质量一向是无可挑剔，顾客所购买和使用的每一件产品，都是最佳例证。其产品的每一细节都尽善尽美，体现传统工艺的高贵典雅。以优质、经久、精美的产品不断为顾客带来惊喜，在产品质量方面绝无丝毫马虎。集团公司对完美的追求不止产品质量这么简单，从专卖店的选址和布局，以至商品的摆设，再到想方设法使顾客一进门便有宾至如归的感受……每个细节都让顾客体味到路威酩轩对品质的孜孜以求。路威酩轩集团让全世界消费者体会“经得起时间考验的精湛的专业工艺的‘生活的艺术’”，它的每一件产品都融合了传统和创意，让使用者燃起无限梦想，激发无尽想象。这一理念，也深深体现在集团的财务数据中。

## 二、路威酩轩集团的财务报表分析[①]

### （一）贪吃蛇，扩张成航母

**表 1**　　财务报表主要数字　　单位：百万欧元

| | 2010 | 2011 | 2012 | 2013 | 2014 |
|---|---|---|---|---|---|
| 现金及等价物 | 2 292 | 2 303 | 2 196 | 3 226 | 4 091 |

① LVMH 集团公司的财务年度为每年的日历年度，本书研究样本是该公司 2010～2014 年的 5 份年报资料。

续表

| | 2010 | 2011 | 2012 | 2013 | 2014 |
|---|---|---|---|---|---|
| 无形资产 | 9 104 | 11 482 | 11 510 | 12 596 | 13 031 |
| 总资产 | 37 164 | 47 069 | 49 930 | 56 176 | 53 362 |
| 总资产增长率 | | 27% | 6% | 13% | -5% |
| 收入 | 20 320 | 23 659 | 28 103 | 29 016 | 30 638 |
| 净利润 | 3 032 | 3 065 | 3 424 | 3 436 | 5 648 |
| 净利润增长率 | | 1% | 12% | 0% | 64% |
| 经营活动的现金 | 3 802 | 4 441 | 2 421 | 3 057 | 2 832 |
| 投资活动的现金 | (1 715) | (1 286) | (140) | (2 260) | 232 |
| 筹资活动的现金 | (758) | 1 660 | (525) | 2 139 | 201 |

从资产负债表上看，截至2014年12月31日，路威酩轩集团账面资产高达534亿欧元。2010～2014年间，路威酩轩集团的总资产规模一直处于快速的增长中，其中增长最快的2011年度，集团的总资产规模增加幅度高达27%。路威酩轩集团的规模增长源于其“贪吃蛇”一样的收购。路威酩轩拥有庞大的航母主体，采用的是多元化的品牌策略，通过不停地并购，以收入多元化对冲业务风险和汇率风险，为其提供“四处开花”的盈利能力。从1987年伯纳德·阿诺特将路易威登与酩悦轩尼诗合并以来，路威酩轩一发不可收，继续在其他奢侈品细分行业大举收购。在服饰方面，收购了法国品牌纪梵希、高田贤三（Kenzo）和赛琳（Celine）、西班牙品牌罗威（Loewe）、英国衬衣制造业界的翘楚Thomas Pink、美国服饰品牌唐娜-凯伦（Donna Karan）和马克·雅可布（Marc Jacobs）、意大利品牌璞琪（Emilio Pucci）等；在皮具和皮鞋方面，收购了意大利皮革商芬迪和Stefano Bi以及法国鞋商伯鲁提（Berluti）；在珠宝和钟表方面，吞下绰美（Chaumet）、真利时（Zenith）、奥玛斯（Omas）和玉宝（Ebel），

并以 4.74 亿美元收购豪雅；在香水和彩妆方面，收购高田贤三香水和 Perfumes Loewe，进一步充实其香水品牌。2001 年路威酩轩收购 6 家化妆品公司：Bliss、Hard Candy、BeneFit Cosmetics、Urban Decay、Make Up For Ever 和 Fresh。在零售渠道方面，1996 年收购 DFS 免税商场，1997 年收购化妆品零售店丝芙兰（Sephora），2000 年设立电子商务网站 eLuxury，并且收购两家法国高档百货公司 Le Bon Marché 和 Samaritaine，以及一家游艇零售公司 Cruise Line Holdings Co.；在传媒方面，拥有 D.I 集团和 2001 年收购来的两家杂志：Connaissance des Arts 和 Art & Auction。2007 年，路威酩轩还接手福特公司成为英国顶级轿车生产商阿斯顿·马丁（Aston Martin）的新东家。路威酩轩集团有一张“最高贵”的奢侈品地域分布图谱，一些散落于世界各地的顶级品牌是他们梦寐以求的并购目标，从法国举世闻名的香水、香槟和干邑，苏格兰的威士忌，瑞士的钟表，意大利的皮具、服饰和轿车跑车，古巴的雪茄，到中国的白酒、陶瓷、绸缎、茶叶和玉石。“盛世扩张，乱世并购”，作为奢侈品霸主的路威酩轩集团通过上述一系列令人眼花缭乱的收购，建立起涵盖时装、皮具、化妆品、珠宝、钟表、酒以及零售等几乎所有奢侈品细分行业的辽阔疆土，资产规模也随之不断增长。在收购时机上，路威酩轩利用经济周期处于谷底时，以较小代价收购被低估的奢侈品牌；对其品牌进行定位分析使得品牌的动态管理成为现实；又利用其独特的“LV 整合法则”改善困境品牌的经营。集团在各品牌保持相对独立的同时，共享集团渠道资源，发挥协同效应，并且着力打造路易威登等核心品牌，带动集团所有品牌的价值提升。路威酩轩近年来还收购了豪华酒店、咖啡馆等生活方式品牌，着力打造 360 度全景奢侈品消费投资组合。2014 年资产规模有微幅下跌，主要源于公司商誉减值。

路威酩轩集团已经是全球奢侈品王国的“第一势力”，是世界潮流、前沿理念、生活方式等的代名词。从利润表上看，路威酩轩集团2010～2014年的收入从203亿欧元上升至306亿欧元，有机增长（按不变汇率和业务架构）达到5%。同期集团的年度净利润从30亿欧元上升至56亿欧元。从利润增长速度看，2013年路威酩轩集团利润零增长，集团前进步伐开始出现步履蹒跚、增长乏力的迹象，主要原因是占集团利润50%的路易威登业绩不佳拖累集团的整体增速，而且受中国市场的影响也极为明显。再加上这一年路威酩轩集团的灵魂人物——著名设计师Marc Jacobs离职，团队士气大受影响，这对以皮具为主的路威酩轩集团来说更是沉重的打击。2014年实现净利润56亿欧元，较上一年增长了64%，主要利益于葡萄酒和烈酒部门的优异表现。路威酩轩最大的盈利部门之一时装与皮装事业部在2014年有4%的增长。2014年，虽然在货币和经济的双重压力下，集团依然创造了历史新纪录，完成了应有的高水平发挥。当然，2014年利润的增长的原因有一部分还是因为所持爱马仕股份的增值。路威酩轩持有爱马仕国际23.2%的股份，根据协议，爱马仕向路威酩轩派发28亿欧元的股利，产生了大约28亿欧元的利润增值。如果剔除这笔投资所得，路威酩轩集团的净利不到30亿欧元，低于2013年的34亿欧元。面对这一严峻局势，从2015年开始，路威酩轩开始加强在全球的领导地位，在奢侈品行业遵循严格的成本管理，保持一支精干的队伍专注于持续发展和不断改进，保持集团产品的质量、品牌的核心价值以及发挥更大的创造力。

从现金流量表上看，2010～2014年路威酩轩集团的现金及等价物从20亿欧元上升至40亿欧元，其中，5年中经营活动产生的现金流入量波动较大，即经营活动创造现金的能力较为波动。路威酩轩集团在并购或控股过程中，一贯以现金支付或通过发行公司债及商业票据，鲜以股票充抵。这样做既不会稀释路威酩轩的股份，又能使被控公司老总臣服于自己的资本优势，从而巩固集团在松散管理模式中的核心地位。因此集团的投资活动现金流出量较大，自由现金流量下滑，致使集团发售欧元债券融资，表现在报表上是2013年度筹资活动现金流入量高达20多亿欧元，资产负债率也大大上升。

## （二）借外力，抬高负债率

**表2　　　　偿债能力指标**

| | 2010 | 2011 | 2012 | 2013 | 2014 |
|---|---|---|---|---|---|
| 流动比率 | 1.59 | 1.38 | 1.51 | 1.37 | 1.49 |
| 速动比率 | 0.74 | 0.60 | 0.65 | 0.64 | 0.71 |
| 资产负债率 | 51% | 50% | 49% | 50% | 57% |

2010~2014年路威酩轩集团的流动比率在1.5左右，属于较为正常和理想的水平。由于库存占流动资产的一半左右，因此其速动比率也只占流动比率的一半，同期为0.6~0.7。作为擅长负债扩张的公司，路威酩轩的资产负债率1997年以来都超过50%，最高时曾达到65%。2010~2014财年路威酩轩集团的资产负债率从51%升至57%。相比之下，同为奢侈品巨头的历峰集团的资产负债率始终控制在20%~30%的水平。究其高负债的原因是，作为奢侈品“猎食者”，路威酩轩“贪婪蛇”一般的扩张是依赖于负债进行的，一系列并购活动，使得路威酩轩迅速损耗自有现金，不得不通过发行公司债或商业票据等方式筹措现金，借外力扩张的同时抬高了集团的资产负债率。在大部分并购活动完成后，近年来路威酩轩开始降低有息负债水平，充分利用财务弹性优化债务结构，并通过优化债务结构减少了利息费用等硬性的开支。

## （三）全方位，纵贯价值链

表3　　营运能力指标

| | 2010 | 2011 | 2012 | 2013 | 2014 |
|---|---|---|---|---|---|
| 存货周转率 | 1.2 | 1.1 | 1.2 | 1.2 | 1.1 |
| 应收账款周转率 | 13.0 | 12.6 | 14.2 | 15.6 | 16.0 |
| 应付账款周转率 | 3.1 | 2.7 | 3.2 | 3.0 | 3.0 |
| 流动资产周转率 | 1.8 | 1.8 | 2.0 | 1.8 | 1.7 |
| 固定资产周转率 | 3.0 | 3.0 | 3.2 | 3.0 | 2.9 |
| 总资产周转率 | 0.5 | 0.5 | 0.6 | 0.5 | 0.6 |

2010～2014财年路威酩轩集团的存货周转率为1.2左右。路威酩轩旗下的服饰、化妆品和精品零售等营业利润率相对较低的业务部门对存货周转率有很高的要求，其盈利依赖于从原材料至售出产品的时间，提升存货周转率就可以弥补营业利润率偏低的缺陷。为此，路威酩轩集团专门打造出“原料——原设计——原生产——原零售”的一条纵贯线的完整价值链。其主要做法是：在上游的制造环节，路威酩轩集团实施各品牌的生产体系合并，即将许多共同的加工程序集中起来，既确保产品质量的一致，又节省大量的内部营销成本；在下游的渠道部分，路威酩轩集团旗下品牌共享零售渠道。比如，除了通过并购取得DFS与Sephora等连锁渠道之外，还在全球开设了2 500多家零售网点。近年来，顺应电子商务发展，集团还建立了Eluxury购物网站。这些作法一方面把握住自由的销售渠道，避免受制于渠道商；另一方面维持各地营销策略的一致性，避免代理商为了自身的利益牺牲品牌的形象。路威酩轩就像一个大管家，通过对各奢侈品牌的价值链的管理和串联，发挥各自的竞争优势。路威酩轩产品的营业

周转额就体现了其分散策略，路威酩轩使用来自各国家、各区域的货币，按照“全球开店，销售收入来自多国”的分散汇率风险做法，保证了产品的顺畅周转。同时，路威酩轩还具有转嫁危机的能力。在奢侈品的产业链中，奢侈品集团公司占据了最有利的位置。从路威酩轩 2010～2014 年的应收账款周转和应付账款周转来看，不管中间牛熊市如何交替，应收账款周转都呈现上升趋势，而应付账款则呈现下降趋势——应收账款周转从 2010 年的年周转 13 次提高至 2014 年的 16 次，而应付账款周转则从 2010 年的 3.13 次下降至 2014 年的 3 次。这意味着，即使处于行业下降周期，路威酩轩集团仍然能够通过缩短买方信用期限和拖长还款期限，来增强获取现金的能力，抵御危机。

## （四）毛利高，净利遭预警

**表 4　　　　盈利能力指标**

| | 2010 | 2011 | 2012 | 2013 | 2014 |
|---|---|---|---|---|---|
| 销售毛利率 | 65% | 66% | 65% | 66% | 65% |
| 销售净利率 | 15% | 13% | 12% | 12% | 18% |
| 总资产净利率 | 8% | 7% | 7% | 6% | 11% |

路威酩轩集团的销售毛利率长期稳定，2010～2014 年均在 65% 左右。路威酩轩集团由于专门生产和销售奢侈品，毛利率常年保持在高位。高毛利率是路威酩轩的增长引擎，也显示消费者认同其产品与其他品牌的高度差异性。而且，不同产品的毛利率不同，其中长期占据路威酩轩集团销售收入的三分之二的帆布包的毛利率高达 90%，皮包的毛利率为 75%，而冒着气泡的发酵葡萄果汁，更是贵比黄金，它创造的毛利率甚至高于众人

皆知的路易威登箱包。当然，产品的市场表现取决于其质量的高低。要想使产品品牌长盛不衰，企业要有对产品质量近乎狂热的追求才行。路易威登在法国迪塞的生产厂部有一台粉碎机，专门用于销毁那些不合格的产品。检验员会仔细清点手提包皮带上的针脚数目，哪怕只有一个针脚的差池，那个提包也会被送入粉碎机。路易威登在推出任何一款行李箱之前，都会将产品放到一个测试机器里面进行测试。被测试的产品在这个测试机里每分钟一张一合三次，而且要持续三个星期。此外，行李箱还要再经过摔、摇、压等一系列的测试之后，证实新产品达到毫发无损，才能成为路易威登的合格产品。路威酩轩集团视产品的形象和声誉为与产品开发和生产创造过程中的创造力和技术同等重要的因素，因为产品形象是消费者从逻辑上衡量产品的尺度，能激发消费者对某一特定品牌的强烈的渴望。卓越品牌的魅力，正是由圣洁光环、挑战逻辑、超越现实和对尽善尽美的渴求等元素组成。品牌力量是路威酩轩传统精髓的一部分，是不可替代的无价之宝。因此，路威酩轩集团公司倍加珍视自己的品牌形象。在公众沟通时（如公告、讲辞、通讯等）的每一环节都用品牌说话。品牌传递的信息必须正确适当，在这方面同样不容妥协。所以，在路威酩轩集团的经营过程中，营销、管理费用往往十分昂贵，而且随着营业额的波动，销管费用也往往同步变化。2010～2014 财年路威酩轩集团的销管费用在其营收中的占比高达45%的水平。扣除销管费用及其他营业费用后，同期路威酩轩集团的销售净利率仅为12%～18%，比毛利率低了许多，也大大低于人们对奢侈品获利能力的惯常估计。与销售净利率一样，2010～2014 财年路威酩轩集团的总资产净利率为6%～11%，权益净利率也只有15%左右，均属于较为温和的水平。可见，全球最顶级品牌并非人们所想象的暴利。对此，美国投资银行摩根士丹利还曾对路威酩轩发出获利预警，虽然法院最终判决摩根士丹利估计失误，并因此付出3 000 万欧元的损害赔偿金，但从上述的指标计算和分析结果看，净利率的确是路威酩轩集团的一项财务警讯。

## 三、结束语

综上所述，路威酩轩集团的财务故事总结为在扩张过程中不断扩大自身规模、扩张过程中形成的较高的资产负债率、完美价值链下的存货周转率，以及高毛利率下的较低的净利率。对于路威酩轩集团的未来而言，要想实现可持续增长，有几个需要考虑的问题：

其一，提价策略。一直以来，路威酩轩在价格上逆行业而行，近年以来多次提价，路威酩轩系列产品是全球所有奢侈品中提价次数最多、提价幅度最大的品牌，提价就如同金科玉律一般从未被打破，而在全球市场上一些以前从不打折的奢侈品牌，都开始以大幅度的折扣吸引消费者的光顾，卷走了一部分宝贵的市场份额。

其二，低利润率。虽然一直在提价，但路威酩轩并没有很高的利润率，甚至连快时尚的ZARA的利润率比路威酩轩还要高出20%以上。

其三，全球奢侈品市场萎缩。近年来路威酩轩销售状况不尽如人意，欧洲市场因为经济形势不佳受到很大的影响，中国、日本、韩国等亚洲国家也经过了一轮从狂热到理性的奢侈品消费观的转换，普通人群追逐奢侈品的狂热“退烧”，退烧的过程也是新兴市场奢侈品市场走向饱和的过程。

其四，路威酩轩还是欧洲股市中表现最差的奢侈品上市公司。路威酩轩集团旗下的盈利大户——皮具品牌路易·威登——所面临的困难对这个全球最大的奢侈品集团的未来增长以及盈利造成了重大压力。由于路威酩轩的股市地位已经发生改变，导致投资者更喜欢高增长集团，或者一些更小但更灵活的公司。相比之下，它的竞争对手历峰集团、爱马仕、斯沃琪、巴宝莉、开云集团等股票都有不同幅度的增长。路易·威登则原地踏步。原因是受累于规模问题，而且产品日益大众化，旗下既有不到500美元的手提袋，也有2 000美元左右的香槟酒，缺乏专有独特性。利润极高的路易威登帆布包虽然占集团全部销量的三分之二，但其吸引力却已经大不如从前。路威酩轩集团也意识到这个困局，并对其产品进行重新定位，推出超高档皮包，希望能够藉此满足对帆布包已经厌倦的消费者。但其增长速度却仍然低过预期。

目前，国际金融危机和实体经济重创，随着消费预期的降低，消费弹性极高的奢侈品必定受到很大的冲击。再加之在全球化的今天，欧洲奢侈品牌从“百年小店”成长为巨型企业集团很大程度上得益于日本和中国等后崛起国家中“具有文化自卑情节的爆发户们”的追捧。然而，这种状态还能持续多少年呢？

# 故事二：盈利之王历峰集团

## 一、历峰的品牌故事

RICHEMONT

历峰集团（Richemont）又名里希蒙，是世界钟表的三大集团（历峰、斯沃琪和路威酩轩）之首，也是全球品牌价值排名第二大奢侈品公司，同时还是劳伦斯奖的主办方之一（与戴姆勒·克莱斯勒联合创办）。

历峰集团是约翰·鲁伯特（John Rupert）家族旗下的产业。鲁伯特家族是南非第二富豪，仅次于奥本海默家族（Oppenheimers，南非矿业巨头）。1945 年，约翰·鲁伯特的父亲安顿·鲁伯特（Anton Rupert）靠葡萄酒和白酒起家，不久扩展到了烟草业，并将公司更名为伦勃朗集团，用 17 世纪欧洲伟大画家的名字将公司命名为伦勃朗（Rembrandt）。伦勃朗公司很快控制了南非烟草业 90% 的市场份额，还在海外参股了英国烟草企业乐福门公司和英美烟草公司。1950 年代，伦勃朗公司已成为南非最大的烟草公司，并开始涉足奢侈品牌经营。约翰·鲁伯特在南非接受教育，大学毕业后在纽约从事金融业工作。29 岁返回南非开创自己的小额贷款公司和证券咨询公司。1970 年代，约翰·鲁伯特帮助父亲收购了正在寻求新的投资机会的老牌奢侈品厂商卡地亚（Cartier）。卡地亚创建于 1847 年，号称“珠宝商之王”，以向富人和王室提供钻石项链和装饰着红宝石的冠冕而著名。20 世纪中叶，卡地亚公司的创造力和财务状况已近暗淡无光。伦勃朗收购卡地亚几年后，卡地亚推出了 Le Must 打火机系列，使这个品牌再度兴盛起来。

伦勃朗集团通过两次重组，确立了其在奢侈品行业中的巨头地位。第一次重组是充分挖掘香烟与奢侈品的关系，进行香烟和奢侈品的渗透经营，主营珠宝的卡地亚，男装的登喜路，同时也经营烟草。当时抽烟可以彰显优雅的生活姿态和生活方式，伦勃朗公司这种做法也是当时很多奢侈品经营所依赖的一条路径。第二次重组源于 1990 年代全球反烟情绪高涨的背景。由于当时反烟运动愈演愈烈，捆绑奢侈品和香烟的策略日显颓态，伦勃朗集团通过换股方式把奢侈品部门与香烟部门分开经营。为了避免遭受针对南非种族隔离政治的国际制裁带来的损失，1988 年，鲁伯特家族将家族的海外资产与南非的资产分开。约翰凭自己在金融业的经验，操刀拆分家族的南非和海外生意，分别在南非成立了幕果（Remgro）公司，专营烟草、矿业、金融行业；在瑞士成立了历峰集团，主要业务为奢侈品，并在瑞士证券交易所挂牌上市。自此，历峰集团开始专门经营奢侈品牌，并在随后不断加大奢侈品牌的收购力度。1999 年，历峰在业务架构中的地位进一步削弱香烟的份额，最后完全退出香烟的日常经营。

历峰集团现在在奢侈品王国里是一颗光芒四射的明星，其经营范围包括腕表、珠宝、附件及时装等四个商业领域。其中，腕表是历峰集团的主要业务。1988 年，约翰·鲁伯特掌管下的历峰集团通过卡地亚收购了伯爵（Piaget）和名士（Baumeet Mercier）两大瑞士手表品牌。1991 年在历峰集团发起下成立了高级制表基金会，举办了日内瓦国际高级制表沙龙（SIHH）。1996 年，历峰收购瑞士名表江诗丹顿，1997 年，收购意大利制表界翘楚——沛纳海（Officine Panerai），逐渐丰富了历峰集团在腕表板块的品牌布局。1999 年，历峰集团收购梵克雅宝（Van Cleef & Arpels），次年更是一口气收购了朗格（A. Lange & Sohne）、积家（Jaeger – LeCoultre）、万国（IWC）三大名表。2006 年安顿·鲁伯特去世，约翰·鲁伯特开始全面执掌历峰集团和 Remgro 公司。2008 年历峰集团又收购了知名制表品牌罗杰杜彼（Roger Dubuis）的 60% 股权，把专业制表板块的品牌拓展到八个。历峰发起的日内瓦国际高级制表沙龙逐年扩张，2014 年 1 月 20 日开幕的第二十四届 SIHH 已有十六个顶级品牌参展，其中历峰集团掌控下的品牌便有十二个席位（专业制表板块的八个品牌加上卡地亚、梵克雅宝、拉尔夫劳伦和万宝龙）。现在，历峰集团在全球腕表市场上具有极为强大的竞争力，世界十大豪华名表排位中，历峰集团就占有五席：第二位的江诗丹顿、第五位的万国、第六位的伯爵、第七位的卡地亚、第八位的积家。虽然腕表业务的销售额尚不及斯沃琪集团的一半，但通过鼎力支持日内瓦国际高级制表沙龙这一行业盛会和大刀阔斧的并购整合，历峰集团的腕表业务高举高打、多管齐下，在瑞典及至全世界高级制表领域形成了极强的影响力。然而，目前历峰集团旗下部分手表品牌依然必须依靠外购 ETA 等基本机芯来满足巨大需求。机芯已经成为消费者关注的焦点，高素质机芯现在越来越难以采购到，所以历峰集团开始未雨绸缪为自己开发出自产机芯，以期摆脱外购机芯的需求。与竞争对手相比，历峰集团自产机芯以比较稳定的质量以及附加许多其他更加复杂的功能而出名，能够充分突出历峰的本色——奢华。

珠宝是历峰集团的另一个重要的业务。卡地亚和梵克雅宝这两个历峰集团视为珍宝的珠宝品牌均源于法国，其销售业绩总是排在历峰集团的前两位。其中，卡地亚珠宝名扬天下。可以说，世界上没有任何一个品牌能与卡地亚比肩，卡地亚是全世界珠宝界不容置疑的行业领跑者和王者。卡地亚是欧洲各国皇室的御用珠宝，并被誉为“珠宝商的皇帝，帝皇的珠宝商”。将时代特色结合传统工艺神韵是卡地亚高级珠宝追求的最高境界。历史悠久的卡地亚曾有过许多重要的设计专题，包括“系列主题创作”、“重现高级珠宝的艺术精粹”等，这些传统设计理念对卡地亚影响深远。珠宝设计需要经典美学，加上当代的精神演绎，才能更具时代感。卡地亚的珠宝从俄罗斯、埃及、波斯、法国巴黎等地文化中获得灵感，以及从东方色彩获得启迪，通过几何图形形成完全抽象的设计，通过特殊途径将异域文化特征表达出来。在流畅的线条、明澄的色彩中，卡地亚演绎着美的真谛——美在于简单而不在于繁复、在于和谐而不在于冲突。珠宝设计师和技艺高超的工匠，使设计独特的饰物都和谐地体现了卡地亚的绰约风格。英国皇室曾向卡地亚订购 27 顶皇冠作加冕之用。此外，法国奥尔良王子家族、西班牙、葡萄牙、埃及、罗马尼亚、摩洛哥王子及阿尔巴尼亚的皇室都委任卡地亚为皇家首饰商。历峰集团旗下的另一品牌梵克雅宝是法国著名奢侈品品牌，自诞生以来，便一直是世界各国贵族和名流雅士所特别钟爱的顶级珠宝品牌。梵克雅宝珠宝通过捕捉大自然之美来表现出生机与脆弱如何和谐共存。1968 年，梵克雅宝推出色彩缤纷的“幸运草”（Alhambra）系列是梵克雅宝珠宝艺术的代表作之一，完美体现出 60 年代波普艺术风格。

新世纪之初，历峰集团开始出现问题，运营成本失控，资金问题拖住了产品创新的后腿。面对重重问题，约翰 . 鲁伯特在历峰集团内部进行了大刀阔斧的改革：削减成本，关闭多家专卖店，取消了浪费过多的报销款项；套现部分英美烟草公司的股票，偿还了近 10 亿美元的债务；招聘了新的首席运营官、首席财务官以及几个品牌经理，让他们关注创新。在约翰．鲁伯特的带领下，公司两年内便扭转了困境。现在，历峰集团的掌门人南非人约翰．鲁伯特在开普敦过着养尊处优的生活，他经常坐着自己的私人喷气式飞机往返于世界各地，打理着自己庞大的家族生意。作为世界上第二大奢侈品集团的掌门人，他的努力使家族生意节节攀升，他已被评选为南非10年间最优秀的商业领袖，《财富》杂志则更称赞他是“未来的奢侈品之王”。耀眼的奢侈品牌为历峰集团带来了不菲的收入，用鲁伯特的话来说：“公司就像站在电梯里，你就算站着不动，它也会一直上升。”除了照看自己的商业帝国，他还经常行走在高尔夫球场上，他始终认为只有惬意而悠闲的生活才能充分体现他在商业上的成功与荣耀，因为生活的目的并不是工作。因此，他不遗余力地赞助高尔夫赛事，拓展高尔夫市场，在奢侈品与高尔夫之间享受着成功与喜悦。

世界第二奢侈品巨头的奢华航母，历峰集团拥有众多世界顶级品牌，让女人醉心的珠宝，让男人钟情的腕表，从卡地亚到积家，从江诗丹顿到万国，从万宝龙到登喜路……这一切让历峰集团赚足了全球时尚界的眼球。

## 二、历峰集团的财务报表分析[①]

### （一）奢侈品+现金流

**表1** **财务报表主要数字** 单位：百万欧元

| | 2010/11 | 2011/12 | 2012/13 | 2013/14 |
|---|---|---|---|---|
| 现金及等价物 | 1 222 | 1 634 | 2 443 | 3 389 |

① 历峰集团的财务年度为每年的4月1日至次年的3月31日。本书研究样本为该公司的2010/11～2013/14财年的4份年报资料。

续表

| | 2010/11 | 2011/12 | 2012/13 | 2013/14 |
|---|---|---|---|---|
| 短期投资 | 2 154 | 2 400 | 2 712 | 2 938 |
| 现金及短期投资 | 3 376 | 4 034 | 5 155 | 6 327 |
| 总资产 | 9 697 | 11 770 | 14 497 | 15 918 |
| 总资产增长率 | | 21% | 23% | 10% |
| 收入 | 6 892 | 8 868 | 10 150 | 10 649 |
| 收入增长率 | | 29% | 14% | 5% |
| 净利润 | 1 079 | 1 540 | 2 005 | 2 067 |
| 净利润增长率 | | 43% | 30% | 3% |
| 经营活动现金流量 | | 1 491 | 1 568 | 2 494 |
| 投资活动现金流量 | | (785) | (1 441) | (846) |
| 筹资活动现金流量 | | 530 | 3 | (426) |

从资产负债表上看，截至2014年3月31日，历峰集团账面资产高达160亿欧元，在奢侈品公司中名列第三。从2010/11~2014/14财年，历峰集团的总资产规模一直在稳定的增加趋势中，4年内增长了50%。近年来，历峰集团旗下时尚和配件业务业绩表现不如意，虽然公司收益因为汇率关系而有所增长，但剔除汇率因素的影响，公司整体业绩并不乐观。因此历峰集团在规模扩大的过程中，十分精准地对品牌进行了“舍与得”。集团针对各下属品牌的市场表现，对表现令人失望的品牌进行清理。一方面，市场的分化、利润的空间使得历峰集团需要更进一步发展旗下较好的顶级而小众的品牌；另一方面，从品类上而言，集团并没有主打的皮具品牌以及服装服饰品牌，时尚及配件在历峰集团的整体业务中并未有明显优势。为此，公司拟出售旗下时尚和配件业务，以集中精力主攻盈利、优势的业务。比如对于表现低迷的兰姿、蔻依、阿尔弗雷德·登喜路等品牌，历峰集团将其视为“坏投资”而放弃信心，将来此类品牌可能走向被抛弃

的结局[1]。历峰集团旗下的、被称为外国人眼中“中国唯一的奢侈品牌”——“上海滩”也曾因市场表现不佳而传出被历峰集团遗弃的消息。集团聚焦重点发展的业务为珠宝、手表和时尚业务（例如高级成衣、手袋及配饰品牌）。同时，从总资产增长速度看，历峰集团也放慢了扩张的步伐，面对日益复杂的经营环境和愈加激烈的市场竞争，历峰集团在调整策略。

虽然历峰集团的销售规模低于路威酩轩集团，但其盈利能力却是全世界奢侈品公司中最强的。从利润表上看，历峰集团从 2010/11 ~ 2014/14 财年的营业收入一路上涨，至 2012/13 财年的营收突破了 100 亿欧元，净利润超过了 20 亿欧元大关。但营收增长速度明显放慢，从两位数的增速放慢为较低的个位数。集团旗下不同种类、不同品牌和不同区域的创利能力各不相同，珠宝和腕表类产品表现突出；卡地亚、梵克雅宝等品牌贡献较大，登喜路、寇依、兰姿业绩疲软；亚太地区、美洲地区和日本成绩斐然，非洲市场增势迅猛，大中华区总体表现疲软。此外，由于香港“占中”示威和中国反腐运动的影响，历峰集团 2014 年的业绩出现明显放慢。

从现金流量表上看，历峰集团的现金及等价物在 4 个财年内从 12 亿欧元上升至 34 亿欧元，加上短期投资后更是高达 60 多亿欧元。奢侈品是资金密集型行业，公司最核心的资产是品牌价值等无形资产，难以量化成贷款的担保物，动辄几十亿美元的并购资金需求对奢侈品集团是极大的现金流考验，所以奢侈品行业的大部分收购资金来源于自身的积累。历峰集团坐拥充沛的自由现金流，通用“奢侈品 + 现金流业务”的双重业务模式架构，以现金流业务支撑集团收购所需的庞大资金需求。充足的自由现金流使得历峰无需依赖资本市场、债券市场或银行贷款融资进行收购，这也

① 2013 年年底，历峰集团为对抗 LVMH 决定保留兰姿品牌。

使得历峰集团经历了多次收购仍然能够保持较低的负债率。

### （二）低负债+高流动性

表2　　　　偿债能力指标

| | 2010/11 | 2011/12 | 2012/13 | 2013/14 |
|---|---|---|---|---|
| 速动比率 | 1.6 | 1.8 | 1.8 | 2.4 |
| 流动比率 | 2.6 | 3.2 | 3.1 | 3.8 |
| 资产负债率 | 28% | 27% | 30% | 25% |

2011～2014财年历峰集团的流动比率从2.6上升到3.8，速动比率从1.6上升到2.4，资产负债率从30%降到20%，可见无论是短期还是长期偿债能力，历峰集团都是十分谨慎和保守的，这也是历峰集团相较于路威酩轩集团更为抗跌的密码。从行业来看，奢侈品公司最核心的资产是品牌价值等无形资产，但这些无形资产都难以量化成贷款的担保物，因此奢侈品行业在并购活动中很难依赖银行贷款。从上文分析可知，充足的自由现金流使得历峰无需依赖资本市场、债券市场或银行贷款融资就可以顺利进行并购，同时还能维持较低的资产负债率。当然，负债率低也会使集团财务弹性不大，这也是历峰与路威酩轩在财务安排上的一个较大的区别。

## （三）一核+两翼

表3　　营运能力指标

| | 2010/11 | 2011/12 | 2012/13 | 2013/14 |
|---|---|---|---|---|
| 存货周转率 | 0.9 | 0.9 | 0.8 | 0.9 |
| 流动资产周转率 | 1.0 | 1.0 | 1.0 | 0.9 |
| 固定资产周转率 | 5.4 | 5.8 | 5.7 | 5.4 |
| 总资产周转率 | 0.7 | 0.8 | 0.7 | 0.7 |
| 应收账款周转率 | 11.7 | 12.0 | 11.0 | 11.4 |

2011~2013财年历峰集团的存货周转率平均为0.9，应收账款周转率为12左右，流动资产周转率为1左右，固定资产周转率为6左右，总资产周转率为0.7~0.8的水平。可见虽然历峰集团的盈利能力强于路威酩轩集团，营运能力却略逊一畴，原因是历峰集团坚持所有品牌都专注于将自身核心业务做精做专，做成该品类内的顶尖品牌，这种做法会使得历峰失去了最大化挖掘品牌潜力的机会，如梵克雅宝是顶尖的珠宝品牌，而这个品牌只用于腕表和珠宝，就失去了在时装、化妆品或皮革领域内的盈利机会。即使是对于所并购的新品牌，历峰也很少将其作为独立的品牌进行二次打造，而只是为旗下其他品牌提供支持。这就是历峰所奉行的“一核+两翼”的品牌管控模式。“一核”是历峰的明星品牌，即投入资源最多、创利最丰的品牌；“两翼”是战略性支持品牌和具有新利润增长点的品牌。历峰“两翼”中的战略性支持品牌不但要寻求自身的稳健发展，还要为明星品牌提供市场保护，以及为明星品牌提供配件或服务的重任。“一核+两翼”的品牌管控模式能为集团的可持续发展打造坚实的基础，但短期内可能见效不明显，因此历峰集团近年的资产周转率指标普遍

偏低。

### （四）珠宝的先锋 + 时装的后腿

表 4　　盈利能力指标

| | 2010/11 | 2011/12 | 2012/13 | 2013/14 |
|---|---|---|---|---|
| 毛利率 | 63.8% | 63.7% | 64.2% | 63.4% |
| 净利率 | 15.7% | 17.4% | 19.8% | 19.4% |
| 资产净利率 | 11.1% | 13.1% | 13.8% | 13.0% |
| 权益净利率 | 15.5% | 18.0% | 19.6% | 17.3% |

虽然“历峰”并不算怎么广为人知，但旗下所有的世界级品牌都一如既往地受到欢迎。对于奢侈品而言，知名度重要，美誉度更重要。历峰集团的管理哲学核心就是要不断强化美誉度。历峰集团总部在瑞士，万宝龙是德国的，登喜路是英国的，卡地亚是法国的，最高决策者却又是南非人。这个“国际纵队”里的每个成员都保持着各自原有的管理模式和经营理念。历峰集团在尊重每个品牌独有传统的同时，再制定出所有业务最高标准，要求任何产品一方面必须继续保持完美无缺、无与伦比；另一方面必须在与集团总体战略保持一个方向的前提下，不断追求创新以提升品牌号召力和忠诚度。历峰集团的所有资源都为这个大目标所用，从而使旗下每个品牌的历史文化价值、市场美誉度经久不衰、恒久流传。这种尊重个体、统一管理的模式，使历峰集团的众多品牌不但有着各自骄人的过往，并且也能很容易推测到同样辉煌的未来。极高的美誉度使历峰集团成为世界上最赚钱的奢侈品公司。样本期间历峰集团的销售毛利稳定于 64% 左右。2013 财年历峰集团销售收入突破 100 亿欧元大关，同比增长 14%（按

不变汇率同比增长9%）；在毛利率提升0.5个百分点达到64.2%的同时，营业费用和财务费用得到较好控制，营业利润同比提高18%，税后净利润同比大增30%。虽然历峰集团的销售毛利率略低于路威酩轩集团，但同期历峰集团的销售净利率不仅高于路威酩轩集团，而且是全世界三个奢侈品集团中最高的，并不断上升，接近20%。除销售净利外，总资产净利率为11%～14%，权益净利率为16%～20%，这些指标在全球三大奢侈品集团中均居于首位，所以历峰集团通过“奢侈品+现金流业务”的双重业务模式，以现金流业务支撑奢侈品业务收购所需的庞大现金流，通过此杀手锏成功荣登盈利能力最强的奢侈品公司之位。

然而若将历峰集团的利润板块分解，便可知道历峰集团旗下各项业务业绩出现较为明显的绩效分化，集团盈利主要源于旗下两大珠宝先锋卡地亚和梵克雅宝的强劲表现（此两者被集团视为珍宝的法国品牌，在2013财年完成平均高达35%的销售净利率）。总的来说，历峰集团75%的主流业务由珠宝和腕表所统领，若不是被时装和配饰业务的“后腿”拖累，历峰集团的盈利表现会更令人瞩目。集团的时装配饰业务包括男装品牌登喜路、时装配饰品牌蔻依和兰姿、高级女装品牌阿瑟丁·阿拉亚（Azzedine Alaia）、上海滩以及奢侈品电商颇特女士集团（Net－A－Porter）。近年来，历峰集团旗下的时装配饰业务基本在入不敷出的温饱线上挣扎，对集团几乎没有利润贡献。正是因为珠宝业务的极高盈利，才使得历峰集团的整体盈利水平大大超过路威酩轩集团，并与斯沃琪集团相抗衡。

## 三、结束语

虽然发展历史不长，名字也缺乏艺术渊源，但这些并不影响历峰集团通过资本运作做到世界顶级奢侈品集团。拥有多个既有历史传奇，又有文化积淀且散发着诱人的奢华气息的精品品牌，使得历峰集团在市场上拥有过去能、现在能、将来仍旧能带来滚滚财源的经济特许权。作为盈利能力最强的奢侈品公司，历峰集团的财务故事总结为："奢侈品＋现金流"的双重业务模式为集团并购提供充足资金，维持保守的短期流动性和长期偿债能力，不算太高的资产周转率以及在奢侈品行业最为出众的盈利能力。作为奢华巨头，历峰集团的未来可持续增长有几个需要考虑的问题：

其一，全球反烟情绪的威胁。从20世纪90年代初期开始，全球反烟情绪高涨，反烟运动愈演愈烈，这对烟草商会构成不小的威胁。历峰集团以香烟起家，虽然集团已经通过一系列的业务调整，削弱了香烟在其业务架构中的地位，但至今为止，历峰集团仍然从英美烟草公司获得巨额分红，并充分利用这些分红投入于奢侈品的并购活动。

其二，中国市场的非预期逆转。历峰集团曾将中国定为未来集团发展的重点地区，用约翰·鲁伯特的说法是："未来的10年或是20年，中国将会像火山一样爆发，我们将全面抢占这个市场。"然而中国政府声声从紧的"杀奢令"，层出不穷的"奢负面"，让奢侈品牌们从"中国好梦"中惊醒，销售额增长遭遇瓶颈，而且，历峰集团旗下的登喜路、万宝龙已经失去了其高端品牌的锐利，品牌特色也逐渐淡化，被迫苦苦支撑。并且历峰集团完全没有像"斯沃琪"这种面向低端市场的品牌。

其三，腕表机芯断供的压力。历峰集团的主打产品是腕表，而腕表的机芯往往是最受行家推崇的所在。历峰集团旗下部分手表品牌依靠外购ETA等基本机芯来满足自己的巨大需求，但高素质机芯越来越难以采购到，加上机芯最大的供应商斯沃琪已于2013年底公布断供决定。虽然瑞士竞争委员会最终让斯沃琪的决定落了空，机芯断供的压力暂时消弭，但争斗的烽烟随时可能再升起。而且，越来越多的科技巨头竞相推出的最新智能产品也对奢侈品巨头的传统业务——手表造成了冲击。随着苹果公司新近推出 Apple Watch，到 2018 年，将有 50 亿美元的手表市场被智能手表抢走。

其四，历峰集团陷政治泥沼和质量危机。由于香港“占中”示威和中国反腐运动的影响，历峰集团开始出现增长停滞乏力的现象。近年来，历峰集团旗下的卡地亚、梵克雅宝等主打品牌被多家媒体曝光了其遭到消费者投诉的事例。

然而，面对上述种种威胁的存在，约翰·鲁伯特仍然过着惬意而悠闲的生活，一边赞助高尔夫赛事，一边赚着奢侈品的钱，心安理得地顶着“未来的奢侈品之王”的头衔，带领着家族生意节节攀升。

# 故事三：开云的混合基因

## 一、开云的品牌故事

KERING

开云（Kering）集团原名巴黎春天集团（PPR，2013 年集团更名为“开云”），是一家以经营服装及配饰为主的国际上市公司，拥有大量著名品牌，近年来主要专注于具有较强增长潜力的奢侈品和运动品牌。开云集团的品牌价值仅次于路威酩轩和历峰，位列世界第三大奢侈品集团。开云集团也是巴黎 CAC40 的组成上市公司之一。

1962 年 6 月 2 日，弗朗索瓦·皮诺（Francois Pinault）创办皮诺公司，主要从事木材交易，后来扩展到建材。皮诺公司原本只是一家来自布列塔尼的小公司，因持续的业务需求得以逐渐发展壮大。1992 年，皮诺公司收购了 1865 年诞生于时尚之都巴黎、经营百货商场的百年老字号巴黎春天百货，开始涉足奢侈品业务。巴黎春天百货是一家定位高档、时尚的连锁百货公司，曾领先世界潮流，领导百货流行趋势。巴黎春天突破以往百货商场以“促成商品销售为目的”的落后经营方式，摆脱拥挤混乱的被动叫卖方式，改进了昏暗沉闷的购物空间，把顾客尊奉为上帝，注重消费者的立场和观点，注重人性化管理，并且大力提倡精神文明，创造了一种崭新的商业文化，设有舒适优雅的、充满浪漫的欧式咖啡厅。通过一系列革新，巴黎春天把消费购物活动由单纯的买卖行为提升为使顾客精神愉悦、充满情趣、乐在休闲、充实生活、凝聚情感、充满知性与感性的活动。收购了巴黎春天百货之后，皮诺公司开始向零售业进行战略调整，公司的名字也相应改为皮诺春天雷都（Pinualt-Printemps-Redoute，简化为 PPR，中文为巴黎春天集团）。1999 年后集团陆续收购了古驰（Gucci）、圣罗兰（ Yves Saint Laurent）、宝缇嘉（Bottega Veneta）、巴黎世家（Balenciaga）等奢侈品牌。现在，在开云集团的奢侈品经营中，最核心的古驰品牌在其整个奢侈品销售量中接近 60% 的比重。开云集团接手古驰后，给其重新定位，并花大力制作广告，给传统注入鲜活生机。古驰之类的古老奢侈品牌的经典形象都是保守、庄严以至有些乏味，现在开云为这些品牌延展了更大的空间。为了吸引年轻的购买群，在保留了传统版块的同时，开云集团对古驰品牌从商品设计到宣传广告，增加年轻、时尚、个性的新元素，引领流行界，开拓了新市场，使古驰集团俨然成为一个超级时尚王国。现在，古驰已经取得了巨大的成功，品类包括服装、饰品、珠宝、皮具、手表、化妆品、香水等，古驰成为了“新摩登主义”的代名词。

2005 年后开云集团逐渐剥离木材加工业和零售业，更多专注于奢侈品和体育休闲生活用品。开云集团完成原始积累后，在第二代掌门人亨利·皮诺的带领下，大刀阔斧地进行改革，旗下不仅拥有了古驰、圣罗兰（YvesSaint Laurent）、赛乔罗希（Sergio Rossi）、巴黎世家、亚历山大.麦昆（Alexander McQueen）、彪马（Puma）等几十个世界顶级奢侈品牌，同时还是嘉士得拍卖行的最大股东。2013 年，开云集团执行总裁弗朗索瓦·亨利.皮诺（François - Henri Pinault）承诺将在海外流失了153年的圆明园十二生肖兽首铜像中的鼠首和兔首无偿捐赠给中国。

如今，开云集团专注于建立一体化的业务：在快速增长的奢侈品与运动及生活方式领域，设计制造和销售受顾客欢迎的服装和饰品。Kering（开云）和英文单词“Caring”即“关怀”读音相似，贴切地反映了集团对品牌、员工、客户、利益相关者以及环境的关怀。“KER”则与集团的业务起源地——法国布列塔尼地区密切关联。Kering中的KER，在布列塔尼地区意为“家园”，这是开云集团提醒大家有关集团发展的渊源。后缀“ING”蕴藏动态的理念，体现了集团不断发展的历史及其业务的国际化。开云集团的猫头鹰新标志代表了远见和智慧。作为一种谨慎且保护欲强的动物，它代表集团有能力洞察并发掘品牌和人才的潜能，同时引导和培养，使其不断壮大。

开云集团的新口号是“茁野想象”，强调想象力是企业的核心，使集团最大程度地创造价值。开云集团鼓励品牌运用想象力，追求独特的创意，并支持它们在可持续发展的方式下，超越自我、卓力创新，挖掘它们在艺术和财务方面的潜能。

# 二、开云集团的财务报表分析[①]

## （一）不断加减的战略转型

**表1** **财务报表主要数字** 单位：百万欧元

| | 2010 | 2011 | 2012 | 2013 | 2014 |
|---|---|---|---|---|---|
| 现金及等价物 | 1 398 | 1 271 | 2 081 | 1 419 | 1 090 |
| 无形资产 | 10 200 | 10 331 | 10 490 | 10 702 | 10 748 |
| 总资产 | 24 695 | 24 954 | 25 257 | 22 811 | 23 254 |
| 总资产增长率 | 1% | 1% | -10% | 2% | 1% |
| 收入 | 11 008 | 12 227 | 9 736 | 9 655 | 10 037 |
| 营收增长率 | | 11% | -20% | -1% | 4% |
| 净利润 | 760 | 1 058 | 1 358 | 865 | 1 028 |
| 净利润增长率 | | 39% | 28% | -36% | 19% |
| 经营活动的现金 | 1 193 | 1 240 | 1 366 | 1 521 | 1 261 |
| 投资活动的现金 | (79) | (402) | (970) | (966) | (903) |
| 筹资活动的现金 | (838) | (1 738) | (920) | (915) | (275) |

从资产负债表上看，截至2014年12月31日，开云集团账面资产高达233亿欧元，在奢侈品公司中仅次于路威酩轩名列第二。从2010年1月1日~2014年12月31日期间，开云集团的总资产规模稳定并小幅增长。此前由于金融危机对实体经济的沉重打击，全球奢侈品市场疲软。

① 开云集团公司的财务年度为每年的日历年度，本书研究样本是该公司2010~2014年的5份年报资料。

2010 年随着世界经济的缓慢复苏，市场逐步有所回暖，奢侈品市场出现回升迹象，开云集团的规模开始稳定并微幅增长。集团更名体现了其“扬弃式”的发展战略，即利用资本运作在奢侈品行业竞争环境中杀出个性化成长之路的变革决心。因此，开云集团资产规模的稳定其实是两个相反方向的力量均衡的结果，出售落后趋势的业务板块并积极并购高增长业务板块。一方面，开云集团善于做减法，即减去盈利能力差的板块。开云集团旗下的法国塞纳河畔的春天百货多年来一直处于亏损状态，惨淡经营，奢侈品却这边风景独好。面对这种格局，集团果断地调整战略，2005 年将春天百货公司出让法国巴黎春天百货 51% 的股权给德意志银行投资基金（RREEF）和意大利的 Borletti 集团，同时将女士内衣品牌 Orcanta 出售给了仙黛尔公司（Chantelle）。2008 年 Kering 将圣罗兰美妆（YSL Beauty）以 11.5 亿欧元的价格出售给了欧莱雅（L’Oréal）。2009 年，将瑞士制表公司贝达（Bedat& Cie）出售给了豪艺钟表（Luxury Concepts）。随后开云集团放弃了对旗下 CFAO 公司的控股，转让了 58% 的股权。2010 年 12 月开云集团宣布正与南非的 Steinhoff 进行独家谈判以剥离康夫罗马（Conforama）。2011 年 3 月完成了将康夫罗马（Conforama）对 Steinhoff 国际集团的转让。由于运动品牌德国彪马的基因似乎一直同其所属奢侈品“格格不入”，开云集团可能会再出售彪马。此外，开云集团还准备将旗下意大利制鞋公司 Seigio Rossi 出售，以剥离掉经营不善的资产从而优化资源配置以及财务报表。另一方面，开云集团更善于做加法，即发掘新的盈利增长点并主动并购，这也是开云集团在商业界最为瞩目的标志。开云集团通过旗下的彪马（Puma）收购了南非的绿色奢华旅游公司 Wilderness Safaris 并在该品牌形象基础上推出服装品牌，2010 年收购了领先的高尔夫器材制造商眼镜蛇（Cobra）。2011 年 5 月 3 日，集团通过友好竞标获得动感体育品牌 Volcom。Volcom 有着强烈的个性和独特的品牌背景，这一收购标志着开云集团向着体育和生活时尚用品领域又迈上了一个新台阶。2012年1月，开云集团收购布莱奥尼（Brioni）。2012年12月开云集团收购中国珠宝商麒麟（Qeelin）的多数股权。2013年1月开云集团收购英国设计师品牌克里斯多弗·凯恩（Christopher Kane）的多数股权。2013年4月开云集团收购意大利珠宝品牌波米雷特（Pomellato）。2014年7月收购瑞士雅典表。

从利润表上看，开云集团的收入和净利润波动较大，但恢复能力较强。2013年，由于彪马和古驰不给力，加上剥离中的零售业务影响，营收和盈利均出现了惨重的下跌。虽然开云集团称业绩下降是由于资本分拆造成损失，但也有人指责开云集团忙于收购，冷落了核心业务，造成销售增长乏力。开云集团旗下的品牌具有融合和互补特征，增长潜力可观。2014年开云集团的业绩便出现了明显的恢复。可见“扬弃式”战略转型下舍弃一些传统业务固然可惜，但却能让集团在市场上获得更丰厚的利润回报，并保持高于平均水平的利润增长率。2013年，以古驰为中心的奢侈品（占比67%），以及以彪马为中心的生活类消费品（占比33%）两大板块基本成型。开云集团增长动力主要是通过生活类奢侈品和运动时尚品牌两个部门的平衡发展拉动集团整体业绩的提升。

从现金流量表上看，开云集团的现金及等价物近5个财年来均保持在10亿欧元的水平，而且经营活动创造现金流量停滞不前。开云集团曾经凭借其零售业务的强大现金流完成了一系列的并购活动，并将所收购的中小型设计师品牌打造成富有盛名的奢侈品大牌，如2001年收购的巴黎世家，现在规模已是原来的11倍；2004年接手古驰后，给其重新定位，并花大力制作广告，给传统注入鲜活生机，给古驰延展了更大的空间。但近年来古驰的发展停滞对开云集团无疑是个打击，因为它代表了开云集团销售总额的40%以及税前利润的60%，是集团的现金奶牛，一年能为集团贡献10亿美元的现金（以2012年的数据为例）。随着古驰的停滞，开云集团业绩也大幅减缓，重大重组、人事震荡不断，现金流量萎缩。此外，中国市场的糟糕表现成为拖累古驰甚至整个集团的一大原因，以中国为首的亚太地区占据开云集团超过三分之一的销售额，古驰的业绩陷入停顿也很大程度上是因为其在亚太地区的销售下滑。

## （二）不断下降的杠杆比率

表2　　偿债能力指标

| | 2010 | 2011 | 2012 | 2013 | 2014 |
|---|---|---|---|---|---|
| 流动比率 | 1.1 | 1.0 | 1.2 | 1.1 | 0.9 |
| 存货占流动资产比 | 32% | 42% | 32% | 37% | 42% |
| 速动比率 | 0.7 | 0.6 | 0.9 | 0.7 | 0.5 |
| 资产负债率 | 53% | 47% | 41% | 47% | 51% |

2010~2014年5个财年年报显示开云集团的流动比率为1左右，较为稳定。仔细分析原因可知，集团流动负债中占很大比例的是短期借款，而非企业往来的应付账款。由于存货比例较高，扣除存货后计算的速动比率为0.5~0.9。作为奢侈品行业中较年轻的成员，开云集团的上述两项指标在奢侈品行业中属于最为激进的，而且呈下降的趋势。5个财年的资产负债率保持在50%左右，维持较为理想的水平，这也说明经过长期的成功经营，集团有较为充足的现金流来开拓业务，进入了成熟稳定的发展阶段。另外，资本市场上适合于集团的债务融资产品（如证券化产品）相对较少，所以奢侈品行业的大部分收购资金来源于自身的现金积累，这也有助于集团不断降低杠杆比率。其中，2013年，由于受到剥离中的零售业务

的影响，利润下降，开云集团的债务增加，资产负债率比2012年增加了6个百分点。

## （三）不断丰富的品牌组合

表3　营运能力指标

| | 2010 | 2011 | 2012 | 2013 | 2014 |
|---|---|---|---|---|---|
| 存货周转率 | 2.5 | 2.7 | 2.2 | 2.0 | 1.7 |
| 应付账款周转率 | 2.9 | 3.9 | 5.5 | 4.7 | 3.8 |
| 应收账款周转率 | 11.5 | 11.2 | 9.9 | 10.2 | 9.7 |
| 流动资产周转率 | 1.6 | 2.3 | 1.8 | 2.0 | 1.9 |
| 固定资产周转率 | 7.7 | 8.9 | 7.1 | 5.8 | 5.3 |
| 总资产周转率 | 0.4 | 0.5 | 0.4 | 0.4 | 0.4 |

2010～2014财年开云集团的存货周转率为每年两次左右的水平，但是下降趋势明显。开云集团的零售业务带动整体存货较快速度周转，但近年来由于销售量缩水，存货周转急速下降。为了保持产品的热销度，开云集团进行了横向整合，2013年3月收购世界第三大鳄鱼皮革供应商France Croco，以控制上游原材料，保障奢侈品珍稀原材料的供应。因为对于手袋而言，皮料的质量直接决定产品的全球热销度，皮料的性能在很大程度上决定了手袋的风格。即使是同一个款式，用不同材质的皮料，也会表现不同的风格。同期集团的应收账款周转率高于每年10次，应付账款周转率为每年平均不到5次，这种收款快付款慢是奢侈品的共有现象。流动资产周转率为每年两次左右，固定资产周转率则高达每年5至9次的速度，总资产周转率为每两年1次，这三项指标曾经明显高于奢侈品同业竞争者。但以上周转率指标在2011年后出现大幅下跌，可能的原因是集团忙

于收购，冷落了核心业务，造成销售增长乏力。开云集团奢侈品部门原先以时装皮具为主，在硬奢侈品领域，大手笔收购是开云集团的近几年不断进行的旋律。如收购米兰时尚珠宝商宝曼兰朵（Pomellato）、中国珠宝品牌麒麟（Qeelin）等。此外，为了在奢侈品行业的产业布局，集团还收购了一些腕表品牌，2011 年通过增资扩股实现对瑞士钟表集团 Sowind 的控股，获得了芝柏表和尚维沙两个中端和低端品牌。在扩充珠宝与腕表业务的同时，开云在传统的时尚服装行业的动作也没有停止，如入股纽约时装设计师品牌奥图扎拉（Altuzarra）、收购苏格兰设计师 Christopher Kane 同名品牌。开云集团在并购狂潮中不断收购前景可观的中小型设计师品牌，全面出击，全力打造新奢侈品市场霸主。所以业绩下滑是暂时的，如若能将上述新入手品牌打造成奢侈品牌，集团业绩的提升将指日可待。

## （四）不断下滑的财务业绩

**表 4　　　　盈利能力指标**

| | 2010 | 2011 | 2012 | 2013 | 2014 |
|---|---|---|---|---|---|
| 销售毛利率 | 49% | 51% | 61% | 63% | 63% |
| 销售净利率 | 7% | 9% | 14% | 9% | 10% |
| 总资产净利率 | 3% | 4% | 5% | 4% | 4% |
| 权益净利率 | 7% | 10% | 11% | 8% | 9% |

2010～2014 财年开云集团的销售毛利率最高时也只有 63%，销售净利率则大多时候低于 10%，只有 2012 年有较为强劲的业绩表现。虽然毛利高净利低是奢侈品的共同特征，开云集团的毛利率水平与同行业持平，但净利率却是奢侈品行业中最低的。同期集团的总资产净利率为 4% ～

5%，权益净利率为7%～11%，业绩低迷。业绩低迷的原因很多，除了全球奢侈品市场新秀中国市场的需求萎缩、欧洲本土市场继续疲软等外部原因外，还有集团的内部原因。如“开云一哥”的古驰产品打着“奢侈品”的概念，是全部人工制成的精品，头顶“意大利制造”的金漆招牌，却采用的是时尚和大众品牌的运作模式，如打折、进奥特莱斯、线上销售等做法，严重侵蚀了品牌形象，从而不可避免地导致业绩下滑。另一大牌宝缇嘉的盈利能力虽然暂时处于集团的领先地位，而该品牌的成功一直得益于它是高端、小众以及定制的品牌，符合高端客户人群低调和去Logo化的消费心理，因此得到了顶级消费人群的青睐。而今，该品牌也进驻了奥特莱斯，这对开云集团而言也将是致命的。作为一个拥有历史积淀的经典品牌，在经济大势不好的时候通过自降身价的方式来“扭亏为盈”，是一种矫枉过正、适得其反的策略，事实上反而会令品牌的定位“模糊化”，遗失掉品牌最核心的价值和竞争力。

## 三、结束语

由于在可持续发展方面的努力有目共睹。开云集团成功入选道琼斯可持续发展指数（DJSI）。道琼斯可持续发展指数追踪道琼斯全球总体股票市场中的2 500家公司的表现，入选该指数的公司必须符合各项严格的评选标准。能入选道琼斯可持续发展指数，说明开云集团定有其非凡之处。其中，体现在财务上有：通过扬弃对品牌进行重组；较低的流动比率以及不断下降的负债水平；资产周转率近年来大幅下降；财务业绩下降。然而，开云集团欲打造新奢侈品市场霸主，还有几个需要注意的问题。

其一，血汗工厂的骂名与集团宗旨不符。古驰离职员工指责“古驰也许是一袭华美的袍子，但是却长满了虱子”，对员工权益保护不力。而集团新名字“Kering（关怀）”所表现的却正是对品牌、员工、客户、利益相关者以及环境的关怀。

其二，全球奢侈品市场低迷。奢侈品是和人们的购买力息息相关的一大商品类别，其销量常常是经济波动最“立竿见影”的体现。其中，开云集团下属的古驰近年来发展停滞对集团的打击最大，因为古驰代表了开云集团销售总额的40%以及税前利润的60%，是集团的现金奶牛，一年能为集团贡献10亿美元的现金。随着古驰的停滞，开云业绩也大幅减缓，重大重组、人事震荡不断。

其三，低调策略未必奏效。开云旗下品牌近年来的大众化趋势导致部分高端客户的流失。作为一个拥有历史积淀的经典品牌，在经济大势不好的时候企图通过采取去LOGO、打折、进驻奥特莱斯等方式来“扭亏为盈”，事实上反而会令品牌的定位“模糊化”，遗失掉品牌最核心的价值和竞争力。这些策略让古驰等奢侈品在高端消费者心中失去“奢侈品光泽”，同时也带来了奢侈品市场面临的重要议题：奢侈品的界限在哪里？低调策略使得奢侈品变得随处可见，市场也发明了一系列新的名词来形容这些变了味的奢侈品：平价奢侈品、轻奢品等。然而历史和社会学知识告诉我们，奢侈品并非所有人都能负担得起，如果奢侈品处处可见，那么奢侈品就不存在了，“奢侈品”概念也就没有了意义。奢侈品要知道如何在人们喷薄欲出的欲望之外设立并保持必要的障碍。奢侈品一旦缺失了稀有性就会导致人们对它欲望的消减。人们得到的阻力越大（不管是有形的还是无形的阻力），人们想要得到的欲望就越强；这些障碍包括经济方面的（例如价格）、操作方面的（例如如何找到奢侈品商店）以及时间方面的（例如要等两年半的时间才能得一串珍珠项链）。开云的低调策略就违背了这一法则，加剧了其下属奢侈品品牌信誉的损失和品牌价值的稀释，远离了奢侈品牌应该有的稀有性、专有性。

作为一线品牌的开云集团在面临“销量危机”时应该避免参与“低价混战”，理性寻找原因，通过分析消费者心理、目标消费群趣味，逐渐带领品牌走出低谷，方是上上策。

# 故事四：爱马仕的慢哲学

## 一、爱马仕的品牌故事

HERMÈS
PARIS

全球著名品牌咨询公司 Interbrand 公布“2014 年全球企业品牌价值排行榜”（Best Global Brands）上，法国最知名的皮革手袋品牌爱马仕（Hermes）在奢侈品牌中排名第 46，价值 89.77 亿美元。

1837 年，法国人蒂埃利 · 爱马仕（Thierry Hermes）创立他的马具制造公司，他的首宗生意是为马匹制造项圈。为了让马匹能配戴最贴颈的项圈，爱马仕耗费了大量的时间和心血，一丝不苟，终于在 1867 年在巴黎举行的万国博览会中获得一等业务奖章，也由此奠定并开展他在马具皮革产品领域的坚固基础。此后这个由马具制造发家的家族企业在世界潮流日新月异的情况下积极应对，在时尚界的国度里，永远不曾停歇地谱写成功的传奇。20 世纪初爱马仕开始涉足高级服装业，并成为法国式奢华消费品的典型代表。20 世纪五六十年代，随着汽车等交通工具的出现和发展，爱马仕开始转产，将其精湛的制作工艺运用于其他产品的生产之中，如钱夹、旅行包、手提包、手表带，以及一些体育运动如高尔夫球、马球、打猎等所需的辅助用具，也设计制作高档的运动服装。随后，爱马仕陆续推出皮件系列箱包、香水、西服、鞋饰、瓷器等产品，开拓了爱马仕全新的发展领域，成为全方位横跨生活的品位代表。在这段时期，爱马仕集团经历了脱胎换骨般的成长，确立了独树一帜的风格。

爱马仕在 170 多年的历史里，经历了四次重要转折，正是这四次重要转折奠定了爱马仕在全球顶级奢侈品的行业地位。第一次转型是从 1837 年到 1918 年，企业从马具生产厂家转型为皮具制造商获得初步成功；第二次转型是从 1918 到 1978 年，公司通过工艺创新、品质改良和产品多元化，奠定现代奢侈品企业地位；第三次转型是从 1978 年到 1992 年，通过丰富产品组合并吸收全球文化精髓，爱马仕稳固了其世界顶级奢侈品品牌地位；第四次是 1993 年登陆巴黎交易所上市至今，公司进入快速发展期，主营产品齐头并进，业绩稳步增长。爱马仕集团总部现在仍坐落在巴黎著名的福宝大道（Faubourg），而其琳琅满目的精品则分布于世界 30 多个国家和地区的数百家专卖店里。坚持自我、不随波逐流的爱马仕多年来一直保持着简约自然的风格，“追求真我，回归自然”是爱马仕设计的目的，让所有的产品至精至美、无可挑剔是爱马仕的一贯宗旨。爱马仕品牌所有的产品都选用最上乘的高级材料，注重工艺装饰，细节精巧，以其优良的质量赢得了良好的信誉。

爱马仕从 1837 年在巴黎开设首家马具店以来的 170 多年间，就一直以精美的手工和贵族式的设计风格立足于经典服饰品牌的颠峰。它奢侈、保守、尊贵，整个品牌由整体到细节，再到它的专卖店，都弥漫着浓郁的以马文化为中心的深厚底蕴。拥有 170 多年历史的爱马仕世代相传，以其精湛的工艺技术和源源不断的想象力，成为当代最具艺术魅力的法国高档品牌。爱马仕的产品被称为思想深邃、品位高尚、内涵丰富、工艺精湛的艺术品，大多数产品系全手工精心打造而成，在快节奏的现代生活中，给世人重返传统优雅的怀抱的机会。如今的爱马仕是一家忠于传统手工艺，不断追求创新的国际化企业。爱马仕旗下共有17种产品系列：皮革、丝巾、领带、男女时装、香水、腕表、文仪精品、鞋类、配饰、马具用品、家居生活、餐具及珠宝首饰；业务可归纳为3大范畴：皮具产品、手表及香水。

这个以马具制造起家的奢侈品王国，在历经5代传承和170余年辉煌之后，至今仍旧保持着经典和高品质，并凭借其一贯秉持的传统精神，在奢侈品消费王国里屹立不倒。即使在金融危机时期，全球高档品牌纷纷割价倾销之际，爱马仕专卖店内昂贵的手袋价格依然不变，顾客的热忱也依然不变。爱马仕就这样一直秉承着超凡卓越、低调奢华的设计理念和优雅至极的传统典范。

## 二、爱马仕集团的财务报表分析①

### （一）内生性增长方式

**表1　　财务报表主要数字　　单位：百万欧元**

| | 2007 | 2008 | 2009 | 2010 | 2011 | 2012 | 2013 |
|---|---|---|---|---|---|---|---|
| 现金及短期投资 | 530 | 486 | 530 | 844 | 1 048 | 697 | 1 053 |
| 总资产 | 2 065 | 2 328 | 2 441 | 2 919 | 3 248 | 3 406 | 3 938 |

① 爱马仕集团的财务年度为日历年度。本书研究样本是该公司2007～2013年的7份年报资料。

续表

| | 2007 | 2008 | 2009 | 2010 | 2011 | 2012 | 2013 |
|---|---|---|---|---|---|---|---|
| 总资产增长率 | | 13% | 5% | 20% | 11% | 5% | 16% |
| 收入 | 1 625 | 1 765 | 1 914 | 2 401 | 2 841 | 3 484 | 3 755 |
| 营收增长率 | | 9% | 8% | 25% | 18% | 23% | 8% |
| 税后利润 | 294 | 295 | 289 | 422 | 594 | 740 | 790 |
| 净利润增长率 | | 1% | -2% | 46% | 41% | 24% | 7% |
| 经营活动的现金流量 | 466 | 443 | 458 | 664 | 736 | 771 | 897 |
| 投资活动的现金流量 | -143 | -166 | -278 | -188 | -68 | -359 | -261 |
| 筹资活动的现金流量 | -143 | -180 | -269 | -213 | -136 | -136 | -170 |

2007～2013年期间，爱马仕集团的总资产规模一直在稳定、稳健地增长。爱马仕始终按照自己的步调稳扎稳打，与其他同行业竞争者不同，没有频繁的收购和产品授权，也未在短期内为提高盈收而盲目扩张。目前，众多奢侈品牌都不断出招，在“高端形象”与“商业利润”之间权衡轻重，而仍由家族控股的爱马仕不以快速扩张求发展，而是潜心修炼内功，按照自己的步调稳扎稳打，既不依赖频繁的收购和产品授权做大业务规模，也不为了在短期内提高盈收而盲目扩张。爱马仕的经营哲学正是永远坚持独立经营，不盲目收购扩张，不追求做大，只想做得更好。爱马仕主要实行的是单品牌多系列发展策略，在同一个“Hermès”品牌下，不断适应消费需求的变化推出新的产品。爱马仕的每一步扩张，都服从集团的整体长远利益。随着全球化的发展，爱马仕也在重新审视它的品牌策略，并开始在多品牌战略上进行谨慎的尝试，因此公司的规模稳定小幅增长。从2007年到2013年，爱马仕集团账面资产从20亿欧元稳健增长至40亿欧元。爱马仕采取内生性增长方式，一方面坚守文化底蕴及工艺品质的品牌DNA，另一方面加强对供应链上各环节的控制力，确保其在消费者心中和

业内的"顶级奢侈品牌"地位。内生性增长方式也让其受金融海啸的冲击较小。为了对原材料的严格控制、坚持传统工艺、保证产品的高质量，爱马仕的扩张都是为了配合其垂直一体化的运营模式，覆盖原材料、设计、生产到零售等产业链的每一个环节。原材料方面，爱马仕在巴西建立蚕丝养殖基地，并在里昂织造丝绸。由于珍贵优质皮革的稳定供应是公司产品质量和业绩稳定增长的前提，为了保证原材料的质量和稳定供应，也为了自身工艺的保密，爱马仕控股珍稀皮革处理企业 Gordon - Choisy 和鳄鱼皮生鞣制企业 SOFICUIR 公司。爱马仕还在法国南部格拉斯附近建立自己的实验室，由香水气味鉴别师来设计每一款香水的味道。

爱马仕坚守高端定位、不盲目扩张的内生性增长方式给今天扩张过度的奢侈品同行们提供了一个学习样板。从 1993 年上市以来，不管经济周期起伏跌宕，爱马仕的盈利能力不断提高，净利润率几乎呈现逐年上涨的态势，在本书的 7 年研究样本期间内，爱马仕销售收入扩大了 2.3 倍，净利润扩大了 2.7 倍，净利润率从 2007 年的 18% 逐年上升到 2013 年的 21% 左右，提升超过 4 个百分点，这是奢侈品同业者可望不可及的。在此同时，始终如一地秉承着"等待式"的营销方式也为爱马仕锁定了高端客户，并免受金融海啸的冲击。即便是 2008 年，爱马仕是全球少数几个不仅未受经济危机影响、反而在其中如鱼得水的奢侈品品牌之一。在全球金融风暴肆虐下，众奢侈品公司股价纷纷缩水，爱马仕的股价仍保持了 25% 的涨幅，成为行业内的领跑者，并成功跑赢了标准普尔 500 指标，还成为彭博欧洲时尚指数的成分股中唯一一只上涨的股票。从 20 世纪末开始新奢侈品主义大行其道，许多品牌推出低价的下属品牌或副线产品，向下层市场拓展目标消费群，但爱马仕不为所动，始终坚持不打折、不降价的宗旨。在经济危机期间，新奢侈主义的消费主力中产阶级开始捂紧钱包时，爱马仕这种更加高端的定位帮助它在一定程度上弱化了经济危机的冲击。

因此，即使是在当前萧条的奢侈品市场上，尤其是主要市场的一系列冲击，如香港“占中”事件影响以及中国内地反腐的不断推进下，爱马仕在亚太地区仍然能保持两位数的增长。

从现金流量表上看，样本期间内爱马仕集团的现金及等价物为5～10亿欧元。由于对内生性增长方式的坚守，爱马仕集团不会动辄支出巨额资金进行收购扩张，也不会像其他的奢侈品同行一样保持大量的现金储备，所以每年经营活动的现金流入量均大于投资和筹资活动的现金净流出量。

### （二）家族的绝对控股

**表2　　　　偿债能力指标**

| | 2007 | 2008 | 2009 | 2010 | 2011 | 2012 | 2013 |
|---|---|---|---|---|---|---|---|
| 流动比率 | 2.49 | 2.16 | 2.43 | 2.50 | 2.41 | 2.09 | 2.56 |
| 速动比率 | 1.61 | 1.31 | 1.49 | 1.75 | 1.72 | 1.25 | 1.63 |
| 资产负债率 | 29% | 31% | 26% | 26% | 28% | 31% | 28% |

爱马仕集团的流动比率为2～2.5，扣除存货后计算的速动比率为1.5左右。由于爱马仕集团采取内生性增长方式，永远坚持独立经营，不盲目收购扩张，因此账上无大笔债务，样本期间内其资产负债率稳定控制在30%以下，而且所有的债务中，流动负债占比超过80%。

虽然爱马仕集团不收购扩张，但也无法逃避奢侈品行业兼并收购大战的侵袭。自从2010年开始，路威酩轩集团与爱马仕之间的收购与反收购的大战硝烟频起，屡战屡胜的路威酩轩却失手于与爱马仕的交战。爱马仕拒绝被“捕猎”的一个重要砝码是其家族控制权。爱马仕家族拥有对公司的绝对控制权，这很好地保护了爱马仕品牌，使其经营更注重长期发展，而非短期增长带来的财务收益。虽然爱马仕集团于1993年在巴黎股票交易所上市，但爱马仕家族现在仍然是公司的最大股东和实际控制人，控制了公司75%的股权。自爱马仕创立以来，家族已传承了6代、人丁兴旺，光持股的家族成员就有60人。爱马仕家族对继承人的培养始于其孩提时代。继承人培养和权力传递作为一个系统工程，从继承人6岁时就开始了：首先延迟他们的满足感，培育强烈的责任感；10～14岁开始评估他们的个性和对赚钱的兴趣，让其了解到现实的责任；21～30岁时给予他们探索世界的空间，由上一代对其发展目标进行指引，共同制定一个双方满意的计划，继承人无论倾向独立创业还是在家族企业实习都受到鼓励。爱马仕家族通过强大的文化和价值观激发家族成员的使命感和员工的认同感，传承6代至今70多位家族成员仍旧保持着强大的凝聚力。即便在2013年路威酩轩集团持有的爱马仕股份达23.1%，市值高达57亿欧元，也不会动摇爱马仕家族的控股权，其创始家族的成员即使是在变成少数股东以后也可保留决策权，而且1993年爱马仕上市时股东协议就明确锁定了家族成员持有的大部分股份。1993年爱马仕上市时有超过80%的股份掌握在56个家族成员手中，其中有6个家族成员集中持有5%～10%的股份。通过上市，一方面允许家族成员买卖股票，从而避免了家族成员因为股权价值而发生纠纷；另一方面，股票流动性可使股票有浮动价值、共识价格及变现能力。因此，如果股份持有者想购买房产或者汽车，他们可以卖出股票而不会影响到公司在资本市场上的表现。在爱马仕家族看来，面向公众发行股票，不仅可以增强家族的稳定性，而且还能够保持家族的影响力。爱马仕虽然是一家上市公司，但是却拥有如城堡一样牢不可破的家族文化。此外，爱马仕还组建了一个只能由家族成员参加的特别委员会来任命首席执行官和否决敌意收购要约，其股东大会还为了摊薄股权而通过决议将股票一拆为三，为防备反收购作好“毒丸”计划。爱马仕集团注重随时与所有家族成员沟通和分享家族事业的点滴进展，熟悉、亲切、自豪乃至认同的感情纽带自然把股东和公司牢牢地黏在了一起。在所有日常和重大决策中，家族成员要有绝对控制权。如果家族失去了控制权，即使首席执行官是由家族任命的，公司也会失去家族的个性与传统。他们相信，整个家族对于爱马仕集团来讲，权利甚少，责任重大。这些责任都是家族道德文化的一部分。

此外，爱马仕还一直由家族成员担任艺术总监，并以历史业绩证明了对品牌文化和内涵的良好延续和发扬光大。这与爱马仕家族百年来重视艺术教育熏陶有关。爱马仕把商业当作艺术品来做，公司和家族内部洋溢着浓浓的艺术氛围，参与经营管理的几代人无不在艺术设计和鉴赏上颇有造诣。正是凭着家族的荣誉、责任和熏陶，爱马仕的品牌精神、创意设计、工艺品质和经营诀窍通过精心培养的家族成员代代相传，使得这一百年老店始终发展顺利、少有挫折，在奢侈品业收购兼并狂潮中独善其身、置身事外。坚持家族对企业的控制与管理，能够维护既定的经营模式，同时通过优秀的家族成员实现了对品牌的良好传承，这也是爱马仕从一个家庭作坊成长为世界顶级奢侈品品牌的奥秘之一。

## （三）等待式的高端“慢”哲学

**表 3　　营运能力指标**

| | 2007 | 2008 | 2009 | 2010 | 2011 | 2012 | 2013 |
|---|---|---|---|---|---|---|---|
| 存货周转率 | 1.32 | 1.19 | 1.44 | 1.74 | 1.66 | 1.53 | 1.44 |
| 流动资产周转率 | 1.33 | 1.33 | 1.51 | 1.54 | 1.52 | 1.93 | 1.67 |

在商品化日益严重的趋势下，保持高品质是非常大的挑战。从 1837

年的“马具工作坊”起步，爱马仕工艺品质出众的高级马具一开始就掳获了欧洲贵族的心。经过6代工艺的传承，善于在坚持传统的大原则下不断创新的爱马仕，不仅秉承了其最具代表性的马鞍缝制针步，还把这种缝制皮革的技术应用于手袋和文具等现代皮具上。磨练了170多年的爱马仕一直以精美的手工和贵族式的设计风格立足于经典奢侈品牌的巅峰，所有产品从整体到细节都透着奢侈、保守、尊贵，并始终如一在秉承以品质和历史为依托的“等待式”营销锁定高端客户，绝不追求产品的周转速度，所以样本期间内爱马仕集团的存货周转率只有1.5次/年左右，在奢侈品行业中属于非常慢的速度。爱马仕集团坚持产品要经过消费者亲自触摸、嗅闻、鉴赏，拥有者个人气质的浸润，才会有生命。如今，路易威登皮具沦为大批量的流水线产品，巴宝莉产品由中国代工，以寇驰为代表的新奢侈品主义大行其道，爱马仕仍然坚持在法国雇佣昂贵的手工工人，一针一线地缝制其经典款的凯莉（Kelly）包和柏金（Birkin）包。当其他奢侈品从中国购买低廉的丝织品进行加工印染后贴牌成自己品牌的丝巾再向市场出售时候，爱马仕仍坚持使用巴西蚕丝基地提供的原材料，再由里昂的手工业者编织成丝巾。制造工艺独特的丝巾、取自10岁的埃塞俄比亚尼罗鳄的鳄鱼皮包、包装盒里由专人叠出固定造型的衬纸等，所有的这些细节都是爱马仕孜孜以求的对象，也巩固了其高定价的基础。以手袋为例，爱马仕的每一只天价皮包来自于珍稀原材料——鳄鱼皮、鸵鸟皮、牛皮、羊皮，原材料标准十分苛刻。每天大量的皮革被送到巴黎近郊庞坦的工坊，工匠们根据客户的要求，挑选所要的皮种和色泽来缝制。每一只手袋由同一个工匠带着皮围巾，拿着锥子和浸蜡的麻线，采用祖传的马鞍缝制针法，用15个小时完成。通过定制服务，产品的个性化和差异化也得到了体现。由于每块皮料的每一个颜色和品质都有微小差异，皮质的纹路不一样，每个工匠搭配的皮料不同，因而，有些手袋的色泽和皮纹搭配是独一无二的，可遇不可求。消费者愿意为柏金手袋耐心地等待6年，这就是当代最有魅力的法国高档品牌爱马仕所传达的“慢”文化及其价值观。再以丝巾为例，爱马仕丝巾的制作汇集了无数精美绝伦的工艺，一丝不苟的线条和古典优雅的图案是爱马仕丝巾的一贯风格。爱马仕丝巾的制作是以里昂区为基地，从设计到制作完成必须经过严谨的7道工序：主题概念至图案定稿——图案刻画——颜色分析及造网——颜色组合——印刷着色润饰加工——人手收边——品质检查与包装。就这样，每一条丝巾通过层层关卡，需费时18个月，令人爱不释手的爱马仕丝巾才得以诞生。在这个流程里，每道工序都极其繁琐，但是每个细节都不容置疑地被贯彻下来，可见爱马仕对细节非常执着。每一条爱马仕生产的丝巾，就如同一件值得收藏的艺术品，独一无二而魅力四射。在快节奏的现代生活中，慢慢地生产，慢慢地周转，让世人重返传统优雅的怀抱。正是这样从一开始就将文化底蕴以及工艺品质当成DNA植入产品之中，使得爱马仕1837年制造的马具、1879年制造的马鞍、1922年问世的手袋、1937年制造的丝巾、1968年的凯莉手袋等，都已经成为“时尚”的绝对代言。爱马仕还始终坚持零折扣的宗旨。当新奢侈主义的消费主力中产阶级开始捂紧钱包时，爱马仕更为高端的顾客定位，在一定程度上弱化了经济危机的冲击。爱马仕成功利用这种“欲擒故纵”的营销方式吸引了全球的顶端消费者。

爱马仕经典手工皮革的缝制不可能像机器一样批量化大生产，加之其坚持使用昂贵稀缺的天然上乘的原材料，原材料供给有限。爱马仕就这样始终按照自己的步调慢慢赚钱，既不依赖频繁的收购和产品授权做大业务规模，也不为了在短期内提高盈收而盲目扩张。在爱马仕的“等候＋定制”的销售模式下，顾客对爱马仕产品的等候，就像准时的订单一样，平滑了爱马仕产品的市场需求，也减少了爱马仕经营的波动。因此，样本期间爱马仕的资产周转速度平衡，波动不大，其中流动资产周转率为0.5，固定资产周转率为1，总资产周转率只有0.3，大大慢于同行业，也慢于任何其他制造行业。

## （四）顶奢级的逆市增长

表4　　盈利能力指标

| | 2007 | 2008 | 2009 | 2010 | 2011 | 2012 | 2013 |
|---|---|---|---|---|---|---|---|
| 销售毛利率 | 65% | 65% | 63% | 66% | 69% | 68% | 69% |
| 销售净利率 | 18% | 17% | 15% | 18% | 21% | 21% | 21% |
| 总资产净利率 | 14% | 13% | 12% | 14% | 18% | 22% | 20% |
| 权益净利率 | 20% | 18% | 24% | 30% | 26% | 31% | 28% |

与“新奢侈主义”的没落形成鲜明对比的是，始终秉承高端、坚持不打折的爱马仕成功抵制了金融海啸的冲击。售价昂贵的爱马仕产品使其堪居奢侈品行业金字塔的最顶端。尽管价格昂贵，爱马仕手袋仍备受追捧，很多经典款式更是被用来收藏。在保证产品极高品质、供应数量相对有限甚至部分产品需要排队等候的前提下，维持高价格相当于维持其在奢侈品市场上的品牌地位。爱马仕的定价策略无疑是成功的。一方面高价格可以保证其脱离大众消费市场，形成排他性价值；另一方面高价格又能保证其在扣除了从原料、设计到生产等各个环节高要求带来的成本负担后仍能维持较高的盈利能力。高售价的背后是百年历史积淀后纯手工制造的魔力。为了彻底贯彻爱马仕品牌精神，发挥其在手工技术和艺术方面的独特性，爱马仕采取从“原材料——设计——手工制造——零售”的垂直一体化策略。近年来，在设计和手工上远超对手的爱马仕，还通过并购和参股等形式，加强了珍贵皮革和高档纺织品制造的能力，不断向核心上游延伸。同

时，爱马仕还积极改变渠道策略，加快销售网络的增长。在对品牌文化良好传承的前提下，公司的经营策略更加积极进取，公司经营呈现出蓬勃发展的势头。不管经济周期起伏跌宕，甚至在金融危机的行业逆市中，爱马仕不仅收入稳步增长，而且盈利能力增长势头更甚。2015 年初，法国老牌奢侈品香奈尔掀起了在中国市场降价、在欧洲市场提价的市价策略，很多奢侈品随即跟风，但爱马仕表示不会效仿。虽然纯手工、苛刻选料，但价格昂贵，有非常大的毛利空间。样本期间内爱马仕集团的销售毛利率为 70%，而路威酩轩的毛利率则低于 65%。与其他同行业的奢侈品牌相比，爱马仕只是坚持选用最好的传统、材质和手工，做到让经典与时间结盟，几乎没有突破的设计，这种稍显保守的做法使爱马仕拥有十分丰富的内涵和令人怀念的亲切感。

以精致到无可挑剔著称的顶级奢侈品牌爱马仕，一直是以对品质要求尽善尽美而享誉全球。这些年来，爱马仕广告的诠释上也凸显卓越工艺。相对于其他知名奢侈品牌而言，爱马仕的营销力度一直要低调得多。爱马仕主要以口碑营销为主，辅之以其他的传统营销方式，如每年都投放一些广告或举办一些展览和赛事赞助来对品牌和当期产品和设计主题进行宣传，但从来不找明星代言。而且为了维持一贯品味与形象，爱马仕全球所有的专卖店和零售专柜的格局都是专门设计的，甚至连陈列柜都是在法国原厂定制后才空运至世界各地。因此扣除掉广告、管理和研发等期间费用后，样本期间公司的净利率也大打折扣，其销售净利率为 20% 左右，总资产净利率为 12% ~22%，权益净利率高达 30%。即使如此，这几项指标在奢侈品行业中也是行业翘楚。时尚是瞬息万变的，唯有始终坚守自己的品牌哲学，不做流行的盲从者，方能立于流行的潮流之中。高端定位帮助爱马仕在金融危机情况下怡然自处。当日趋丰富的奢侈品词汇大家族中新增词条——“顶奢品”（Meta - Luxury）时，爱马仕便首个被囊括其中。

## 三、结束语

在新奢侈主义消费理念横行的当今世界里，爱马仕始终如一，立足传统精英定位而大获成功，其本身就是一个传奇。在一个充斥着“流水线作业”的世界，爱马仕仍然坚持聘用法国手工匠来缝制一个又一个闻名世界的铂金和凯莉包；在别的品牌通过庞大的营销活动创造品牌后再大肆授权“品牌”来扩充产品线的时候，爱马仕却坚持精耕细作，推出一个又一个令人惊叹的新产品系列。在一众奢侈品集团不断兼并收购各类品牌建立品牌金字塔的时代，爱马仕却独善其身，坚守奢侈品牌塔尖地位。这种对产品细节的关注，对产品链每一环节的严格控制，对品牌形象一致性的坚定维护使得爱马仕获得了可持续的成功。爱马仕能在竞争激烈的全球奢侈品市场中始终坚持“独”善其身，坚持艺术和商业的完美结合。爱马仕成功的五大关键因素：（1）强调品牌内涵的一贯性和一致性；（2）始终保持产品的高品质和高定价；（3）高直营和等候定制，保障渠道控制力和品牌忠诚度；（4）坚持口碑营销为主的奢侈品推广模式；（5）延续家族治理、保证品牌文化的良好传承。体现在财务上为：内生性增长避免了过度的商业化操作，家族长期的控制避免了行业间被并购的厄运，“慢”哲学使品牌能保持一贯的“高高在上”形象，顶奢极品保证其强势的盈利能力。

然而对于爱马仕而言，也有负面困扰：

其一，商标保护不力。如“爱马仕”中文商标被一家中国制衣企业抢注后撤销无望。爱马仕早在 1977 年在中国注册了其国际通用英文商标“HERMES”，但令人意外的是“爱马仕”的中文商标却迟迟没有进行注册。此后，该中文商标被中国达丰制衣抢注用于服装类商品，爱马仕国际申请中文商标时被国家工商总局商标评审委员会驳回。

其二，无入门级产品。1990 年代以来，新奢侈品主义推行大众化奢侈品（Accessible Luxury）的风气日盛，大多数奢侈品牌都面向新兴市场的新富和中产阶级推出各种入门级产品来覆盖更大范围的消费者，建立消费者对品牌的信赖度，迅速占领了新型市场，并获得了高速增长。但爱马仕没有这样入门级产品，坚持传统品牌定位，拒绝向年轻的奢侈品消费者作出妥协，不愿意俯就低端市场，更从不下调产品价格。即便是金融危机最严重的时候，一众大牌纷纷打折抢市场、清库存，爱马仕也从未曾松动过其高高在上的价格，甚至从未花钱请过任何明星为其产品代言。爱马仕这种策略让新兴市场年轻的奢侈品消费者绕道而行，自然而然地淘汰了大部分年轻的奢侈品消费者。

其三，爱马仕的手包每年生产数量并不固定，全球市场的需求却很大。这个不透明的市场给人们留下了无限的想象空间。正因为爱马仕把饥饿营销做到了极致，也催生了假货代工产业链。另外，一些负面的炫富新闻也与该品牌挂上钩。由于爱马仕公司的危机公关处理得不够好，通常采取不回应或很少回应的态度，另外，在市场推广方面力度不够，导致爱马仕在新兴市场上的认知情况会有所偏颇。

即使如此，对很多人来说，爱马仕的挎包依旧是自己对奢侈品皮包追求的终极目标。因为爱马仕创办人的理念一直延续到现在："爱马仕的产品都是为最高品质呈现的理念而制造"。一个看似平平无奇的皮袋，在精堪的法国匠人手中，配合严格控制品质的精神而散发出独有吸引力。在瞬息万变的今天，我们依然期待坚持"慢哲学"的爱马仕创造新的财富传奇。

# 故事五：斯沃琪的饥饿营销

## 一、斯沃琪的品牌故事

斯沃琪集团（Swatch，中文又名瑞表集团）是一家瑞士跨国企业，全球最大的钟表制造集团。其代表性品牌在世界各地都家喻户晓，从最廉宜的 Flik Flak（飞菲童表，价位为 30 美元）到最昂贵的 Breguet（宝矶表，顶级型号价位达 31 万美元）应有尽有。斯沃琪钟表是多届奥运会的指定计时器，参与过雅典、北京等多个不同城市的奥运会，见证了许多伟大的时刻。

从前，手表通常被认为是一种投资方式，作为传家宝被代代相传。贵重的手表往往被人们放在精致的金属包装盒里，通过珠宝专柜或是高档商场来销售。在 20 世纪 70 年代以前，得益于几个世纪以来精密高超的珠宝制作技艺，瑞士在全球手表工业中一直处于绝对主导地位。瑞士手表作为瑞士能工巧匠的杰作，是极其贵重、值得一生珍藏的计时器。“瑞士制造”手表成为了瑞士的民族象征和骄傲，是品质、声誉的象征。几乎全球都认为只有瑞士生产的手表才是好手表。然而，从 20 世纪 70 年代开始，日本手表厂商在中低端石英手表领域里发起竞争，在亚洲市场成功扩张之后，进驻欧洲和北美市场。到 1979 年，日本精工每年生产 2 200 万只手表，成为了世界上销售量最高的手表制造企业。第二号领军者是卡西欧。到 1984 年，全世界四分之三以上的手表采用了石英工艺（大部分是在香港生产）。到 1986 年，西铁城成为了全球最大的手表部件生产商，其成品手表的产量也是世界第一。

石英技术的兴起加速了瑞士手表工业的衰落。具有讽刺意味的是，瑞士是石英技术的开创先驱，但瑞士的手表制造商们拒绝采用石英技术，因为他们坚信电子手表是不可靠的，经不起推敲，质量水准低于瑞士传统手表工艺。瑞士手表制造业认为石英技术会很快过时，坚持生产采用传统工艺制作的高端机械手表。因此，等到日本钟表企业把价格低廉的石英手表推广到全世界每个角落时，瑞士钟表业懵然发现自己已经无法与其竞争。全球手表消费的需求量增加了，而作为瑞士国家名片的瑞士手表所占的市场份额却大大萎缩了，从 1946 年的 80% 下降到 1970 年的 40%，到 1983 年更是下降到 15%。日益退缩到狭小的高端领域里的瑞士钟表厂商陷入亏损状态，瑞士制表业陷入空前危机。1976 年，ASUAG 公司制造出内部仅安装限量机件的、当时世界上最薄的腕表“Delirium”，再次向制表业发出严峻挑战。复兴瑞士制表业成为刻不容缓的艰巨任务。瑞士制表业决心创制出更为轻薄的计时器。

在瑞士腕表的复兴之路上，斯沃琪手表之父尼古拉斯·G. 海耶克先生（Mr. Nicolas G. Hayek）发挥了决定性作用。海耶克（1928—2010）生于黎巴嫩的富裕家庭，1957 年，海耶克通过贷款支付加盟费用，创办了一家为机械制造行业提供咨询服务的咨询公司。1963 年，在积累起足够的资金和客户后，海耶克创建了海耶克工程咨询公司，为钢铁及机械制造企业提供企业架构和重组咨询服务，公司迅速发展起来。成功经营咨询业务给海耶克积累了约2亿瑞士法郎的个人资产。海耶克开始以咨询顾问身份进入瑞士钟表业。1983年5月，根据海耶克工程公司出具的咨询报告，瑞士两家陷入困境中的钟表企业SSIH和ASUAG（瑞士钟表工业公司和瑞士钟表总公司联合集团）合并，组建成SMH（后更名为斯沃琪，Swatch），总部位于瑞士伯尔尼。在两家摇摇欲坠的企业几乎没有挽救希望的情况下，海耶克的咨询报告给出了一线希望。海耶克认为瑞士钟表业是“沉睡的巨人”，存在的主要问题是缺乏一致贯彻的品牌策略和没有实行自动化生产。海耶克的建议将斯沃琪划分为成品表生产、零部件制造和新产品研发三个部门。改组后斯沃琪业务发展逐渐有所起色。1985年，海耶克开始联合投资团队收购斯沃琪集团的股份。海耶克当时对斯沃琪的前景报以乐观态度，他看到了斯沃琪中所潜藏着的金子和有待挖掘的潜力，将个人资产的四分之一投入斯沃琪，这是对自己研究结论的自信。为了保持自己的控制权，海耶克采取了“联合投资合约”控制住股份：某一成员在对外转让股权时，其他成员具有优先认购权；团队成员中无人有购买意向时，才可以向外转让给第三方，而且此第三方要获得投资团队的认可。同时，在董事会中，海耶克享有对企业管理事项的一票否决权。在成功打造出低端市场品牌斯沃琪后，海耶克又致力于将欧米茄重新打造为瑞士钟表的领航品牌。随后，又对浪琴品牌进行了重整。1993年，海耶克以3亿瑞士法郎买下了1775年始创于巴黎、但当时已经负债累累，经营困难的宝玑。之后，海耶克继续进行钟表品牌收购和业务扩张。2010年，海耶克在斯沃琪总部办公室工作时心脏衰竭猝死。那时海耶克的个人财富约39亿美元，在世界富豪中排名232位。

海耶克在20世纪80年代初制定的发展战略最终使瑞士制表业重新走向辉煌，并于1984年再次奠定全球领先地位，因此被称为是“瑞士钟表救世主”。海耶克先生屡次荣获众多瑞士机构颁发的荣誉奖项，包括瑞士媒体的“年度杰出管理奖（Troubleshooter of year）”（1984 年）、马克斯 - 斯密德亨尼基金会（Max - Schmidheiny Foundation）的“自由奖（Freiheitspreis）”（1993 年）、布兰科 - 韦斯基金（Branco - Weiss Foundation）的“十年企业家奖（Entrepreneur of the decade）”（1993 年），以及 Oekreal 颁发的“创新奖（Innovation Award）”（1993 年）。海耶克先生的主要高见就是手表的概念并非是一件精雕细琢的昂贵珠宝，而是用一种新颖、奇妙、塑胶的方式来表达你的个性和感觉，比如，优雅、迷人、感性、自然、醒目、诱惑。斯沃琪集团推出了一款纤细的塑料腕表，内装 51 个机件（通常一块表有 91 个或更多机件），不仅品质一流，而且价格低廉。斯沃琪集团缔造了新的超薄表记录，并发明了全新的制表工艺，化繁为简，用时尚改变业态。这是对制表工艺大胆而又异常成功的颠覆。

世界时尚潮流不断转变，斯沃琪追求的是一种“永远不变的是永远在变”的境界，并因此能永处全球时尚之颠。除斯沃琪之外，没有任何流行品牌获得这样的成就：在极短的时间内，占据全球爱好者的心，地位屹立不摇；除了维持既有的版图，同时还持续向其他领域延伸发展。斯沃琪作为瑞士名表的典范，是最具有青春力量的世界名表。斯沃琪品牌定位于时尚、运动、音乐、艺术，其手表以时髦缤纷的色彩、活泼的设计以及颠覆传统的造型，激情四射、趣致动人。作为时尚的弄潮儿，斯沃琪形状异趣，设计独特，名字高雅（每款手表都有中英文名字）。它是一种变幻莫测的潮流，随着摩登生活的节奏向前迈进，蕴含着无穷的艺术魅力。斯沃琪采用统一价格策略，由瑞士总部定价，且没有折扣，无论消费者在世界上任何一个斯沃琪授权专场，均可参加斯沃琪全球联保。

设计大胆、新鲜有趣、价格低廉、大量生产、缤纷色彩可供选择，既有高科技的魅力，又有创新的神采，这一切令斯沃琪手表活跃、个性化、与时并进的特点完全显现出来。最初斯沃琪手表被定位为“第二只表”（即 Second Watch），后来它变成第三只、第四只……这条神奇的方程式发挥威力，一举击中目标顾客，最终使斯沃琪成为收藏家级别的手表。斯沃琪爱好者可以根据自己不同的心情、喜好、着装、场合，拥有多块斯沃琪手表进行佩带或收藏。斯沃琪腕表采用瑞士石英机芯、人工合成材料制造，兼具防水防震、计时精确、价格便宜等出众优点。腕表尤为适合批量生产，并具备丰富色彩选择。这种瑞士独家制造的年轻的创新腕表，已成为激情四射、趣致动人、生活情趣的完美象征。斯沃琪手表传达着高质量、低成本，时尚与纪念并重的信息，让每一位消费者都能拥有属于自己的名表。斯沃琪所代表的含义不仅是一份珍贵纪念品、更是一段历史的回忆和情感的寄托。

现在，斯沃琪集团已经拥有了一个庞大的腕表品牌纵队，包括斯沃琪（Swatch）、宝玑（Breguet）、宝珀（Blancpain）、J 雅盖·德罗（aquet Droz）、格拉苏蒂（Glashutte Original/Union）、Leon Hatot、欧米茄（Omega）、浪琴（Longines）、雷达（Rado）、汉米尔顿（Hamilton）、天梭（Tissot）、卡尔文·克莱恩（Calvin Klein）、雪铁纳（Certina）、美度（Mido）、皮尔·巴尔曼（Pierre Balmain）、飞菲（Flik Flak）和安杜拉（Endura）。斯沃琪缔造了世界级品牌的神话，成为消费者心中的标志，同时延续了瑞士制表业百年的辉煌。斯沃琪手表不仅是一种新型的优质手表，同时还将带给人们一种全新的观念：手表不再只是一种昂贵的奢侈品和单纯的计时工具，而是一种“戴在手腕上的时装”。

# 二、斯沃琪集团的财务报表分析①

## (一) 品牌金字塔

**表1** **财务报表主要数字** 单位：百万瑞郎

| | 2005 | 2006 | 2007 | 2008 | 2009 | 2010 | 2011 | 2012 | 2013 | 2014 |
|---|---|---|---|---|---|---|---|---|---|---|
| 现金及等价物 | 1 871 | 1 669 | 1 286 | 680 | 1 098 | 1 827 | 1 616 | 1 520 | 908 | 1 202 |
| 总资产 | 6 588 | 6 904 | 7 447 | 7 235 | 7 706 | 8 614 | 9 805 | 10 430 | 11 639 | 12 747 |
| 总资产增长率 | | 5% | 8% | -3% | 7% | 12% | 14% | 6% | 12% | 10% |
| 营收 | 4 497 | 5 050 | 5 941 | 5 966 | 5 421 | 6 440 | 7 143 | 8 143 | 8 817 | 9 219 |
| 营收增长率 | | 12% | 18% | 0% | -9% | 19% | 11% | 14% | 8% | 5% |
| 净利润 | 621 | 830 | 1 015 | 838 | 763 | 1 080 | 1 276 | 1 604 | 1 928 | 1 416 |
| 净利润增长率 | | 34% | 22% | -17% | -9% | 42% | 18% | 26% | 20% | -27% |
| 经营活动现金 | 790 | 884 | 975 | 511 | 890 | 1 353 | 705 | 999 | 1 309 | 1 848 |
| 投资活动现金 | -62 | -462 | -571 | -498 | -235 | -329 | -561 | -836 | -1 309 | -1 122 |
| 筹资活动现金 | -254 | -618 | -692 | -598 | -235 | -249 | -350 | -255 | -598 | -456 |

一个公司的创新会导致整个行业的创新。斯沃琪手表就证明了这一点。在斯沃琪手表出现以前，多数人是买一块表用一辈子。斯沃琪说服消费者应在不同的场合，为了不同的目的佩戴不同式样的手表。自从有了斯沃琪，很多消费者就抛弃了一辈子只戴一块手表的习惯。斯沃琪为了使自己的客户群最大化，满足不同客户对产品风格、颜色等方面的不同偏好，

① 斯沃琪集团的财务年度为日历年度。本书研究样本是该公司2005~2014年的10份年报资料。

以及个人收入上的差异所带来的消费差异，推出高、中、低各个档次的产品，从而形成产品金字塔。斯沃琪集团旗下拥有众多腕表品牌，其中包括Swatch（斯沃琪）、Breguet（宝玑）、Blancpain（宝珀）、Jaquet Droz（雅克·德罗）、Glashutte（格拉苏蒂）、Leon Hatot（雷恩）、Omega（欧米茄）、Longines（浪琴）、Rado（雷达）、Tissot（天梭）、Calvin Klein（卡尔文·克莱恩）、Certina（雪铁纳）、Mido（美度）、Hamilton（汉米尔顿）、Balman（宝曼）、Flik Flak（飞菲）和Endura（安杜拉）等等。通过多年在市场中打磨品牌，斯沃琪成功打造了上述多个钟表品牌的倒金字塔品牌结构，取得奢侈表老大地位。拥有高低错落多个档次的品牌也是斯沃琪集团区别于历峰、劳力士、路威酩轩等其他几家拥有高档钟表业务的奢侈品集团的一大特点。在倒金字塔的顶部是奢侈级别的产品，宝玑、宝珀、欧米茄等品牌与历峰集团旗下的江诗丹顿、伯爵，以及独立品牌百达翡丽、劳力士等品牌竞争；在倒金字塔的第二层是高档品牌的产品，旗下的浪琴、雷达等品牌与帝舵、豪雅、宝格丽等品牌对阵；在倒金字塔的第三层是中端品牌的产品，旗下的天梭、美度等品牌与豪利时、梅花等品牌竞争；在倒金字塔的最下一层是低价位、大批量的低端品牌产品，则与西铁城、卡西欧等品牌展开竞争。目前，不同层次的强势品牌组合以及覆盖全球的销售渠道，让斯沃琪集团处于非常有利的地位。这些品牌使斯沃琪集团拥有梯度完整的钟表品牌，也使其充分掌握了各个细分市场的机会。

产品品牌倒金字塔模式最适宜应用在钟表业、汽车业、信用卡业、电脑业等领域。这种赢利模式的特点就是大多数利润集中在金字塔的顶部，塔底部的产品也具有重要的“防火墙”作用，可以有效阻碍竞争者的进入，保护顶部产品的丰厚利润。运用产品金字塔模式赢利要有一个前提条件，那就是必须在一个已经形成系统的产品或者领域中运用，而且必须要与客户的市场定位紧密联系，并且高、中、低档商品的客户群之间都必须

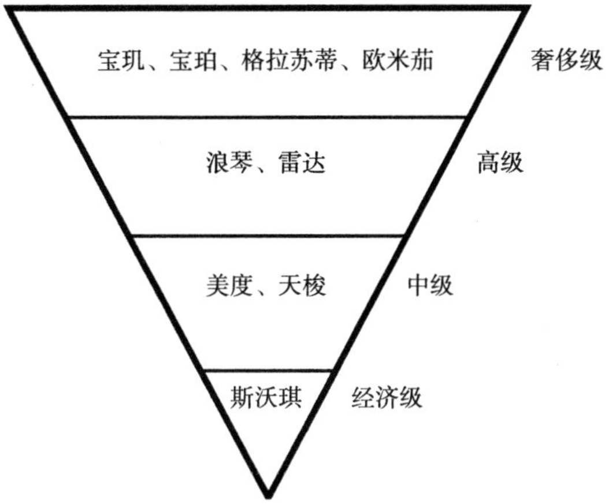


**图 1　斯沃琪集团的品牌倒金字塔**

拥有一定的联系因素。这三个“必须”，是产品金字塔模式的要件，而且更重要的是，企业所构建的金字塔决不仅仅是不同价位产品的简单罗列，如果那样就不能称之为产品金字塔模式。一个真正的金字塔应该是一个系统，其中凭借较低价位的产品的生产和销售，赢得市场和消费者的注意力。对于拥有完善产品线的企业来说，不能给对手丝毫可以依靠更低的价格抢走市场份额的机会。建立品牌金字塔的企业要建立以用户为中心的产品体系设计，注意用户的偏好和购买能力，适时调整自己的价格策略。每一个档次的产品所定位的客户群一定要明确，并把它们分别投放到各自适合的市场中去。还有，高档产品力求利润，低档产品力求做“量”。20 世纪 90 年代以来，斯沃琪集团主导了瑞士钟表行业的并购整合。1994 年，瑞士钟表出口总值重新夺回了世界第一的位置。品牌倒金字塔战略下的斯沃琪集团每年都能交出漂亮的报表，包括在全球钟表业的寒冬季节。2005 ~2014 年期间，斯沃琪集团的总资产规模年平均增长率为 10% 以上。截至 2014 年 12 月 31 日，斯沃琪集团账面资产达 127 亿瑞郎。2008 年爆发的金融危机又让斯沃琪的伟大事业收获了另一层现实意义：与许多金融行业中的投机者追逐短期利益不同，斯沃琪的掌门人海耶克展现出一个目光长远的企业家的姿态。与那些垂涎于繁荣股价行情的赌徒与投机商截然不同，他甘当"经济守护者"，追求稳定的发展，所以能顺利度过金融危机时的行业萧条。斯沃琪集团通过并购的方法，对整个产业链形成控制，尤其是不断向上游扩展，控制了机械机芯等关键部件75%的市场，劳力士、江诗丹顿、百达翡丽等品牌都要从斯沃琪集团购买机械机芯。近年来，斯沃琪集团又通过限制甚至宣布停止机械机芯供货的方式打击竞争对手。

以斯沃琪石英表翻身成功的斯沃琪集团已跻身奢侈品行列。与资产规模增长相对应的是营业收入和净利润更快的增长。精美复杂的机械腕表，加上奢华的钻石珠宝，贡献集团一半以上的销售额和利润。出色的财务业绩主要归因于斯沃琪集团强大的品牌和广泛的分销零售网络。斯沃琪以"你有第二座房子，为什么不拥有第二只手表"的口号掀起了一人多表的革命，颠覆了一直以来瑞士手表留给人奢华及稀有的印象。2005～2014年期间，斯沃琪的年销售规模扩大2倍，年净利润规模却扩大了3倍多，除了2009年和2010年该集团与全球手表行业一样经历着最为严重的需求下滑而导致营收盈利萎缩外，大多数年份净利润是两位数的增长幅度。即便"时尚教科书"说25岁之后就不要再戴这个牌子，但斯沃琪仍是全球销量最高的手表品牌，而且斯沃琪永远"不会像奢侈品牌那样每年涨价"。斯沃琪每年都推出400多款新设计，每一款手表都有个性化的色彩和别出心裁的名字，甚至每年还会有两款成为收藏家追逐的目标，并一直能保持亲民的价格。每款斯沃琪推出5个月后就停止生产；在里斯本博物馆设有斯沃琪陈列专柜，有拍卖行对不再销售的斯沃琪进行拍卖。一般手表有100个到150个小零件，而斯沃琪把手表使用的小零件数浓缩到50个左右，所以能在瑞士这个人力成本非常高的国家生产出成本比较低的产品。然而，2014 年，受瑞士法郎强劲走势及全球钟表需求疲软的影响，再加上集团下属的 ETA 手表机芯子公司火灾损失严重，斯沃琪集团净利润暴跌 26.6%，从上年同期的 19.28 亿瑞士法郎跌至 14.16 亿瑞士法郎，收入增幅仅为 4.5%，为 5 年来最低。

从全世界范围来看，钟表企业都存在现金流投入大、回收慢的特点。根据现金流量表数据可知，2005～2014 年期间内斯沃琪集团的现金及等价物为 10 亿～20 亿瑞郎，每年经营活动产生的现金流量一般全都用于企业的投资活动和筹资活动。因此，现金消耗较快是斯沃琪集团的一个隐忧。虽然斯沃琪集团地处世界金融之都的瑞士，却不依赖银行借款进行投资和筹资活动。现金需求大多靠企业内部完成，这样的底气来自于彩色塑料壳的斯沃琪手表巨大的销量，为集团赚取了充足的现金流，让斯沃琪集团可以一直走上坡路，并快速进入顶级奢侈品的领域。

## （二）不借款信条

**表 2　　偿债能力指标**

| | 2005 | 2006 | 2007 | 2008 | 2009 | 2010 | 2011 | 2012 | 2013 | 2014 |
|---|---|---|---|---|---|---|---|---|---|---|
| 流动比率 | 4.3 | 5.3 | 4.6 | 5.5 | 4.4 | 6.1 | 6.2 | 6.5 | 6.5 | 6.8 |
| 速动比率 | 2.8 | 3.4 | 2.7 | 2.5 | 2.2 | 3.3 | 3.0 | 2.8 | 2.4 | 2.3 |
| 库存占流动资产比 | 35% | 36% | 41% | 55% | 51% | 46% | 52% | 56% | 63% | 66% |
| 流动负债占总债务比 | 59% | 50% | 56% | 51% | 72% | 67% | 66% | 65% | 65% | 63% |
| 资产负债率 | 30% | 28% | 28% | 25% | 22% | 18% | 18% | 18% | 18% | 16% |

斯沃琪集团保持着良好的短期偿债能力。2005～2014 年年报显示斯沃琪集团的流动比率从 4.3 倍上升至 6.5 倍，这在奢侈品行业中是极高的。

由于产量较高，存货金额占流动资产一半以上，扣除存货后计算的速动比率为流动比率的一半左右。2005～2014年期间内其资产负债率一路降低，2014年底为16%，且在所有的债务中，流动负债占比超过65%，长期债务低于35%，基本无贷款。正是因为实行这种稳定中低端手表市场策略，斯沃琪集团即使在金融危机时期哀鸿遍野的市场环境下还能乐观地说“我们从不向银行借钱，这是我们企业的信条，我们有足够的现金”。

### （三）饥饿营销法

表3　　营运能力指标

| | 2005 | 2006 | 2007 | 2008 | 2009 | 2010 | 2011 | 2012 | 2013 | 2014 |
|---|---|---|---|---|---|---|---|---|---|---|
| 存货周转率 | 2.0 | 2.1 | 2.1 | 1.8 | 1.5 | 1.7 | 1.6 | 1.5 | 1.3 | 1.2 |
| 流动资产周转率 | 0.9 | 1.0 | 1.1 | 1.2 | 1.0 | 1.0 | 1.0 | 1.0 | 1.0 | 1.0 |
| 固定资产周转率 | 1.1 | 1.2 | 1.2 | 1.1 | 1.1 | 1.1 | 1.1 | 1.0 | 0.9 | 0.8 |
| 总资产周转率 | 0.2 | 0.2 | 0.2 | 0.2 | 0.2 | 0.2 | 0.2 | 0.2 | 0.2 | 0.2 |

斯沃琪集团笃信业绩的增长主要靠产品流动的自由化，产品周转顺畅是一个良好的开端。奢侈品行业存货周转率普遍偏低，样本期间内斯沃琪集团的存货周转在1.6次～2次/年的水平，属于较快的奢侈品存货周转速度。快速周转的秘笈有二。一方面，斯沃琪集团采用倒金字塔型的多品牌结构，低端、中端、高端、奢侈表的品牌个数比例为3：6：3：6。2013年斯沃琪又通过收购顶级珠宝品牌Harry Winston（海瑞温斯顿）完善品牌线，使产品线更加多元化。拥有高低错落多个档次的品牌也是该集团区别于历峰、劳力士、路威酩轩等其他几家拥有高档钟表业务奢侈品集团的一大特点。各个层次的强势品牌组合以及覆盖全球的销售渠道，让斯沃琪集

团即使在经济危机中也具有强大的抗击打能力，不仅能从容应对钟表行业不同档次的市场竞争，还可以满足不同消费者的偏好。另一方面，斯沃琪坚持“饥饿营销”的内核，笃信低价高品的背后代表的精神和生活方式是最宝贵的品牌资产，制定限量生产的基本策略。实行饥饿营销法会带来以下几个方面的好处：第一，从供求力量的对比上，可以使产品处于一种供不应求的有利地位，消费者对该品牌的热情反而会高涨。第二，提高企业抗风险的能力。企业在对市场科学预测的基础上主动限量生产，当市场发生变化时不会使企业背上沉重的包袱，从而会增强企业化解风险的能力。第三，加快产品成本回收。饥饿营销造成的旺销局面有利于企业很快完成每一批产品的销售，快速回收资金用于新产品开发，加快资金周转率。第四，避免生产的盲目性和市场控制的滞后性。实行饥饿营销可以减少企业的产品积压。第五，节约大量的成本。饥饿营销具有的主动性、事前性、预见性，企业不会因为盲目生产而造成生产成本和大量的营销费用，为提高企业的效益打下坚实的基础。斯沃琪集团通过实施饥饿策略而一举成为世界风行一时的品牌。斯沃琪每年都推出新表，以致品牌追求者们一直都焦急地等待新表的到来。许多人不止拥有一只斯沃琪表，“第二只表”（Second Watch）的理念掀起了一人多表的革命，颠覆了一直以来瑞士表给人“奢华及稀有”的印象。低端斯沃琪腕表轻奢侈、快时尚，且在营销创意上下足功夫，强调态度及独特性——所有斯沃琪手表在推出 5 个月后停止生产。因此，即使最便宜的手表都是有收藏价值的，“去年的斯沃琪表不能替代今年的斯沃琪表”。公司每年还推出数目有限的时髦手表设计版本，由于生产量跟不上收藏家的订单量，只能抽签决定斯沃琪手表的收藏家参与投标的特权。

斯沃琪作为瑞士手表的时尚典范，是世界名表中的青春力量。为了在消费者心中树立一个强劲的品牌形象，斯沃琪提出了“Second Watch”的新概念，将品牌形象塑造为时尚、潮流的风向标，因而打破了传统意义上人们对手表的认知，以此满足渴望独特风格、跟随潮流的消费人群。斯沃琪每次推出的系列品牌名称也能表现出斯沃琪所宣扬的精神，如“快乐禁区”、“探险”、“草原游侠”、“红色妖姬”、“龙天使”、“智慧时间”、“烈火岩浆”、“毒手汤药”等系列，融入了不同的前卫元素、新鲜灵感，借助自然与非自然的形态符号，使斯沃琪无论从设计、外观和颜色都进入了一个全新的境界。因为有了斯沃琪，时尚一不留神成了经典。从实用到时尚的果断转身，使得斯沃琪手表周转迅速。

## （四）蓝海大战略

表 4　　盈利能力指标

| | 2005 | 2006 | 2007 | 2008 | 2009 | 2010 | 2011 | 2012 | 2013 | 2014 |
|---|---|---|---|---|---|---|---|---|---|---|
| 销售毛利率 | 16% | 19% | 21% | 20% | 17% | 22% | 23% | 25% | 27% | 22% |
| 销售净利率 | 14% | 16% | 17% | 14% | 14% | 17% | 18% | 20% | 22% | 15% |
| 资产净利率 | 9% | 12% | 14% | 12% | 10% | 13% | 13% | 15% | 17% | 11% |
| 权益净利率 | 259% | 339% | 335% | 341% | 321% | 371% | 319% | 501% | 503% | 382% |

从销售毛利率数据来看，斯沃琪集团的盈利能力较为逊色，只有20%左右，大大低于奢侈品行业的平均水平。究其原因，一是集团中手表配件制造业务占收入的比重约30%，正如上文提到的斯沃琪集团通过并购的方法，不断向上游扩展，控制了机械机芯等关键部件75%的市场；二是因为集团产品成金字塔结构，不像历峰集团的珠宝和钟表，都属于顶级奢侈品，斯沃琪集团中的低档手表——斯沃琪品牌占收入的比重也较大，所以集团整体的毛利率并不高。需要特别指出的是，斯沃琪集团在斯沃琪品牌

手表上的成本控制实现了突破，例如把手表零件从155个减少到51个，减少转动部分，也就降低了损坏机率，并且组装手表所需人手也相对较少；新建自动装配线，每天能生产35 000块斯沃琪手表和上百万的零部件，劳动力成本从30%降低到10%。一般手表品牌的最低返修率是不到3%，而斯沃琪手表的返修率不到1%。低成本再配合低价位，并以独特饰物的形象出现，以“新”、“奇”来推动市场，迅速吸引消费者的眼光。现在，斯沃琪不仅是一种新型的优质手表，同时还带给人们一种全新的观念：手表不再只是一件昂贵的奢侈品和单纯的计时工具，而是一件“戴在手腕上的时装”。斯沃琪手表通过这一全新理念造就了其如今的时尚霸主地位。

与经营利润率低下相比，2005～2013年期间内斯沃琪集团的销售净利率却一路高歌，从2005年的14%升至2013年的22%，2014年因瑞士法郎升值，以及全球钟表需求疲软，再加上集团下属的ETA手表机芯子公司火灾损失严重，净利润下降导致销售净利率降至15%。净利率的一路高歌要归功于斯沃琪集团出奇制胜的“蓝海战略”让很多奢侈品牌都望尘莫及。“蓝海战略”是指企业突破红海的残酷竞争，不把主要精力放在打败竞争对手上，而是开创新的“无人竞争”的市场空间，彻底摆脱竞争，全力为买方与企业自身创造价值，缔造属于自己的一片蓝海。“蓝海战略”在创造最大的消费者剩余（即顾客的效益）的同时产生比较大的生产者剩余（即获利）。斯沃琪手表是“蓝海战略”的经典案例。斯沃琪是第一个敢于采取瑞士制造低端价位的手表品牌，其设计和生产虽然都在瑞士，但因制程简化而大幅降低成本，价格相对其他瑞士手表而言几乎是不能同日而语的，而且时尚外观有别于传统手表，以至于西方媒体称呼已故的斯沃琪灵魂人物海耶克为“时间强盗”。一方面，通过改进工艺制造使劳动力成本从30%下降至10%，从而节省了整体成本；另一方面，在集团内部将零件生产和运输、管理一体化，在节约成本上获得巨大的好处。此外，集团紧跟时尚，与宣传配合，让斯沃琪手表乘坐美国航天飞机环绕地球；与艺术大师合作，将斯沃琪手表变成艺术品；对产品限量生产，把“手表也是配饰”的概念进行到底。斯沃琪每一次推出新品系列都会运用独特的灵感与独具匠心的设计理念，并配合相应的一个名称和故事，一次又一次征服消费者的想象。每一款表描绘了一个故事，表现了一种新文化、一种对生活的不同选择，让人感受到时间与情景以及时尚的结合，体现了丰富多彩的斯沃琪生活。当人们驾驭时间的同时也融入到了品牌营造的遥远而又极近、鲜活而清晰的梦幻场景里。已故的“斯沃琪之父”海耶克曾是媒体的宠儿，瑞士的报纸上平均每天都会出现两篇关于他的报道。没有其他任何一件商品可以像斯沃琪一样获得传媒如此频繁的关注。里应外合成就了其非凡的盈利能力。

## 三、结束语

从海耶克打造斯沃琪王国的历程不难发现，首先，是通过准确分析市场及消费者的需求特点，以不同寻常的独特视角“抓住症结，对症下药”；其次，在管理中从被动迎合消费者需求到主动引导消费者需求，使消费者的需求随着时代的发展在不断变化；最后，完整地建立一座赢利的金字塔——形成了自己由高到低的全系列产品，不仅有力地阻击了外来对手的入侵，还使自己获得丰厚的利润。目前，斯沃琪集团的发展状况良好，集团的发展演绎了一个低端品牌靠创意通吃全球市场的疯狂历程，其疯狂创意与商业谋略使日暮西山的瑞士钟表业重振雄风。其成功之处体现在财务安排上就是：多品牌战略带来资产规模和营收盈利的持续增长，低负债使企业远离财务困境，饥饿营销策略成就快速周转，以及蓝海战略创造非凡盈利能力。然而对于斯沃琪而言，负面影响也困扰不断：

其一，机芯断供问题。斯沃琪一直被监管当局要求为瑞士其他制表商供应机芯和零部件，机芯供应量占瑞士钟表全行业的四分之三。2013 年瑞士竞争监管机构 Comco 要求斯沃琪在 2014 年将提供给瑞士其他制表商的机芯减少到 2010 年供应量的 75%。同时，斯沃琪集团需要自己的产品，该集团也欲退出机械表芯的订单化生产。机芯的减供会让所有依赖斯沃琪集团的厂商向其他机芯生产商靠拢。从短期来看，减少机芯供应会提高斯沃琪自己的收入，因为减少机芯供应可以有效打击竞争对手，也有利于斯沃琪旗下手表的整体销售。但从长远来看，这很可能对瑞士钟表行业造成不好的影响。

其二，过分依赖新兴市场。与几乎所有的奢侈品一样，斯沃琪集团的主要增长来自中国，一旦经济泡沫破灭，对某个市场的过度依赖就会变得很危险。

其三，由于近年来国际金融波动较大，瑞郎暴涨、市场需求疲软等影响使得斯沃琪产品在国外零售价上涨，对销量造成一定影响。

其四，竞争激烈加剧。从整体数据来看，斯沃琪集团形势良好，但随着竞争对手的强势崛起，市场竞争更加激烈。除历峰集团外，路威酩轩集团在兼并宝格丽后晋升为世界第三大钟表集团，强劲的对手让这个世界钟表业奇葩的前进道路危机四伏，充满挑战。

此外，很多新技术公司比如苹果、索尼、三星和高通均已推出各自的可穿戴设备，用户们可以利用那些可穿戴设备打电话、上网或运行应用，这种新趋势势必会影响到传统手表的销售。在制表市场中，各种挑战层出不穷。斯沃琪集团已经完胜品牌竞争，扑面而来的技术竞争又将是斯沃琪集团面临的更大挑战。

# 故事六：风衣的代名词巴宝莉

## 一、巴宝莉的品牌故事

BURBERRY
ESTABLISHED 1856

巴宝莉（Burberry）集团是英国的国宝级奢侈品牌公司，巴宝莉也是最能代表英国的品牌。该集团主营服装、配饰及香水。2013 年巴宝莉在全球价值最高品牌排名中位列 77 名。巴宝莉集团是伦敦证券交易所上市公司，同时也是富时 100 指数组成股之一。

1856 年，21 岁的布料商学徒托马斯·巴宝莉（Thomas Bubbery）在英国英格兰汉普夏郡东北部的小镇贝辛斯托克成立了以自己的名字命名的企业。优良的品质、创新面料的运用以及在外套上的设计使得托马斯·巴宝莉赢得了一批忠实顾客，到 1870 年时，店铺的发展已经初具规模。当时，猎装和钓鱼装必须要有理想的防风雨效果，能承受相当大的风雨同时又要有良好的透气性，巴宝莉的服装满足了这一要求，为顾客提供了优秀的服装性能。1880年，托马斯·巴宝莉受牧羊人所穿的罩衣有冬暖夏凉特性的启发，以秘而不宣的独特手法，研制了一种防水防皱、保暖透气且可运用于制作轻便、防水服装的布料“Gabardine（华达呢）”。华达呢因耐用经穿的特性，很快就被广泛使用，由此赢得大家的认可，并于1888年取得专利，巴宝莉曾将Gabardine作为注册商标达40年。1895年巴宝莉为英国军官设计一款叫Tielocken的风衣，这也是今天著名的巴宝莉风衣的雏形。1901年，巴宝莉正式受英国军方委托，为英国军官设计新的制服。英皇爱德华七世其后更下令以巴宝莉这款专利雨衣作为英军军服之一。此时，巴宝莉著名的“马背骑士”标识面世。马术是当年贵族的优雅竞技，巴宝莉公司将它注册为商标，骑士商标开始成为家喻户晓的标志。标志中还包含了拉丁文的单词“Prorsum”，意为“向前”的意思，如今看到这一图案，令人想到当年身着巴宝莉风衣和骑士靴勇往直前的骑士。

20世纪最初的10年里，巴宝莉开始扩张自己的市场，并跨出英国国门，在巴黎和纽约建立起自己的专卖店。1911年，首位征服南极的挪威探险家罗阿尔·阿蒙森上校率领一只5人的小分队成功抵达南极，在南极点留下了一个巴宝莉的斜纹布帐篷以向后来者证明他完成了这次探险。此后爱尔兰人欧内斯特·沙克尔顿横穿南极大陆，而他的探险队使用的也是由巴宝莉生产的户外产品。“巴宝莉”品牌也因此而扬名。第一次世界大战期间，因为当时战争需要，巴宝莉被任命去改造军队服装，“Trench Coat风衣”的问世。为了配合军事用途，巴宝莉将风衣设计为双排扣、肩盖、背部有保暖的厚片，并在腰际附上D型金属腰带环，以便收放弹药、军刀等。Trench Coat风衣的诞生象征着巴宝莉的风衣史又向前迈进一大步。第一次世界大战之后，这款风衣更是成为了众多名人明星所心仪的物品。1924年，巴宝莉注册了它的另一个著名标志：格子图案。这种由红、白、黑、浅棕四色组成的格子图案，当时被巴宝莉用在了风衣内衬上，后来这种图案几乎成为巴宝莉的同义词。1967 年巴宝莉注册成为商标后，经典格子图案更广泛用于其他产品，如雨伞及行李箱上，愈加彰显了巴宝莉产品的特征。

1997 年巴宝莉扩大了产品服务范围，进一步扩大客人网路，主要向皇室和年纪较长的名人提供变化的服饰服务于多个层面的客人。2001 年，巴宝莉推出了 Prorsum 高级男女装系列，不但为经典的干湿褛及格纹图案注入新素，亦为品牌建立时尚新形象，一洗以往古老面貌。此举也使一度处于品牌低潮的巴宝莉重振雄风，令销售额增加了一倍，并成为一百年来销售额最高的一年。2003 年，巴宝莉更推出了以创立人托马斯·巴宝莉命名的新系列，提供更年轻及时尚的轻便服饰，进一步把品牌推至年轻品味一族。此外，针对不同地区的消费者，巴宝莉还善于把握各个国家的消费心理，推出适合当地消费者品味的产品系列。例如，巴宝莉深受亚洲人所喜爱，尤其是日本人更为之着迷。有鉴于日本市场的号召力，巴宝莉特别以特许经营的合作方式让日本生产由当地设计的、颜色较鲜艳、较年轻化及较便宜的巴宝莉蓝标（BURBERRY blue label）和黑标（black label）系列，并只以日本国内为唯一的销售地域，即便是作为总部的英国也没有这两个系列品牌的零售服务。与巴宝莉伦敦的沉稳、厚实不同，巴宝莉蓝标和黑标给人的感觉是轻快而简约，故此赢取了不少年轻消费者的钟情。

今天，160 岁的巴宝莉通过不断提升它的设计和创新图饰来提升其吸引力，将经典的感性与时代性完美结合，在时尚中注入品质，强调英国传统高贵的设计。巴宝莉已经被成功地打造成了一个永恒的品牌，赢取无数人的欢心。实用与时尚并重的巴宝莉，以其经典的格子图案、独特的布料功能和大方优雅的剪裁，已经成为了英伦气派的代名词。直到今天，巴宝莉制作防水服装的方法仍是一个没有公开的秘密。巴宝莉一直深受皇室爱戴，更分别于 1955 年及 1989 年获英国女王伊丽莎白二世与查尔斯王子两度颁授皇家认证的荣誉，成为皇室御用品牌。皇室的认证使得其独特的四色格纹不仅象征着英国的传统，更多了浓浓的贵族气息。此外，巴宝莉的股票还是伦敦金融时报 100 指数的成分股。直到今日，翻开英国牛津辞典，如果想查“风衣”这个单词，会发现“Burberry”已成为风衣的另一代名词，同时也是奢华、品质、创新以及永恒经典的代名词。有人说：“如果西方的天空被一块巨大的乌云笼罩，下起绵绵雨丝，那么，从总统、高级白领到新锐娱乐明星就有了一个共同特点：穿巴宝莉风衣”，这个情景描述是对巴宝莉品牌最好的诠释。这个传统的典型英国风格品牌就像一个穿着盔甲的武士一样，保护着大不列颠联合王国的服装文化。

## 二、巴宝莉集团的财务报表分析①

### （一）奢侈品类的粉丝王

**表 1**　　**财务报表主要数字**　　单位：百万英镑

| | 2006/07 | 2007/08 | 2008/09 | 2009/10 | 2010/11 | 2011/12 | 2012/13 | 2013/14 |
|---|---|---|---|---|---|---|---|---|
| 现金及等价物 | 131 | 128 | 252 | 468 | 466 | 547 | 426 | 546 |
| 总资产 | 750 | 953 | 1 126 | 1 140 | 1 364 | 1 611 | 1 746 | 1 966 |
| 总资产增长率 | | 27% | 18% | 1% | 20% | 18% | 8% | 13% |
| 营收 | 850 | 955 | 1 202 | 1 280 | 1 501 | 1 857 | 1 989 | 2 330 |
| 净利润 | 110 | 135 | -5 | 82 | 206 | 265 | 259 | 332 |
| 经营活动现金 | 114 | 45 | 210 | 369 | 265 | 374 | 425 | 425 |

① 巴宝莉集团的财务年度为每年的 4 月 1 日至次年 3 月 31 日。本书研究样本为 2007～2014 财年的 8 份年报资料。

续表

| | 2006/07 | 2007/08 | 2008/09 | 2009/10 | 2010/11 | 2011/12 | 2012/13 | 2013/14 |
|---|---|---|---|---|---|---|---|---|
| 投资活动现金 | -36 | -30 | -90 | -65 | -160 | -177 | -321 | -154 |
| 筹资活动现金 | -82 | -35 | -125 | -94 | -67 | -154 | -160 | -152 |

研究样本期间的大多数年份，巴宝莉集团的总资产规模处于增长态势，其中2010~2011财年增长率高达20%。截至2014年3月31日，巴宝莉集团账面资产接近20亿英镑。由于亚太和欧洲市场的巨大潜力，即使在金融危机后全球经济增速放缓的不利环境也没有阻挡资本市场宠儿巴宝莉扩张的脚步。如何找到一种语言和途径与这些富裕的年轻消费者们对话，并避免变得过分大众，是每个奢侈品牌都在思考的问题。20世纪90年代，全球范围内奢侈品消费者平均年龄不断年轻化。由于被贴上保守老套的标签，巴宝莉公司业绩严重下滑。世界奢侈品协会发布的2010~2011年度报告中显示，75%的中国奢侈品消费者年龄低于45岁，年龄在18~34岁的消费者占到了45%。在日本和英国，18~34岁年龄段的消费者分别占到了37%和28%。巴宝莉这个代表着上层社会、甚至稍显僵硬的英国品牌开始努力适应当时新的时代背景，以吸引、捕捉新一代奢侈品消费者的注意力。扩张路上快步前进的巴宝莉集团率先用互联网重新定义了奢侈品，通过互联网把品牌塑造成既传承经典又不乏时尚与青春的气息。对新技术的重视让巴宝莉走在了数字营销的前沿。数字技术已经成为其战略规划的核心，从数字互动宣传到T台时装秀现场直播，再到运用最新技术打造的全球性“零售剧场”环境以及各种创新社交媒介活动，无所不包。此外，巴宝莉集团内部还坚持“无纸化”办公，注重对高科技的应用。从2009年的照片分享网站“Art of the Trench”开始，巴宝莉集团在数字营销上的表现一直可圈可点。目前，巴宝莉的官方网站已经在45个国家以6

种语言的形式出现，在脸书网和推特上拥有千万粉丝，在中国新浪微博、优酷、豆瓣、开心等网站开设品牌主页，人气都极旺，被誉为“奢侈品类的粉丝王”。位于北京耀莱新天地的北京旗舰店是巴宝莉在全球推出的第一个数字化概念的零售店，这个店面其实就是一座巴宝莉的“零售剧场”：雇员人手一件平板电脑，店中设有试衣镜般大小的触摸屏，顾客可以随意查寻和欣赏巴宝莉在全球各地的新品、时装秀、娱乐活动。外墙和店内都装有巨型平板 LED 电视屏幕，用于展示创新设计。上海静安嘉里的巴宝莉中心店还采用无线射频识别技术，通过植入特定服装和配饰中的数码芯片，将有关该商品的多媒体内容展现给顾客，同时在店内推出 40 块数字化屏幕，让年轻消费者在视听体验中感受更深层次的品牌文化。这样，数字先行者巴宝莉集团占领市场先机，表现优异，也更加信心满满地加速了企业规模扩张的步伐。需要特别指出的是，巴宝莉在全球各地迅速扩张的同时，品牌产品设计、数字平台的技术与内容等仍然由伦敦控制。而执行市场的策略，却能因当地，甚至具体的城市情况而定。

得益于旗下零售和批发业务的增长，在其他奢侈品牌全球业绩进入平缓增长期时，巴宝莉的年销售规模呈逐年增长趋势，2013/14 财年营收达 23 亿英镑，较 2006/07 财年增加了 2.7 倍。8 年间集团的年净利润规模也扩大了 3 倍。优秀的业绩表明集团品牌的强劲动能，也反映其销售团队一直以来对零售执行力、市场营销投入、客户服务和在线销售服务的专注。持续投资于零售和数字业务，着力经营英国制造的传统风衣、羊绒围巾等核心产品，是推动巴宝莉集团业绩增长的主要力量。另外，巴宝莉集团在旗舰市场开设新门店、提升数字基础设施、加大营销力度，并重点发展旗舰店、标志性产品和节日市场，进一步提高了巴宝莉的全球品牌认知度，成功将过去一个毫无新意的品牌变成奢侈品界最年轻、最时髦、最数字化的时尚大牌。巴宝莉集团十分关注营业收入和盈利的长期增长，让顾客跟品牌结合，关注未来如何长远地跟消费者互动，使消费者真正记住品牌。当然，巴宝莉集团的营收盈利增长中，还有很大程度受益于中国消费者对该品牌旺盛的需求。巴宝莉财报上显示，集团业务在亚太地区长期保持两位数营收增长，其中中国和韩国市场增长较突出，为集团的业绩增长贡献了核心力量。

从现金流量表上看，样本期间内巴宝莉集团的现金及等价物从1.3亿英镑增长到5.5亿英镑，大大超过了每年的净利润额，可见巴宝莉集团的盈利现金含量较高。而由于样本期间集团一直在扩张的过程中，集团每年经营活动产生的现金流量大都用于了投资活动和筹资活动，为此集团采取一系列节约成本的措施，以确保每年年末现金平衡。

## （二）财务安排的保守派

**表2　　偿债能力指标**

| | 2006/07 | 2007/08 | 2008/09 | 2009/10 | 2010/11 | 2011/12 | 2012/13 | 2013/14 |
|---|---|---|---|---|---|---|---|---|
| 流动比率 | 1.3 | 1.3 | 1.4 | 1.5 | 1.6 | 1.7 | 1.7 | 1.3 |
| 速动比率 | 0.8 | 0.7 | 0.9 | 1.2 | 1.1 | 1.2 | 1.1 | 0.8 |
| 资产负债率 | 47% | 48% | 52% | 47% | 46% | 45% | 40% | 39% |

在巴宝莉的长期增长计划下，集团在开拓市场方面具备强劲的长期增长保障、重要的地理优势、多样化产品组合及有力的运营手段，所以该公司资产负债表十分强大。样本期间内年报显示巴宝莉集团的资产负债表保持绝对的谨慎，资产负债率稳定控制在50%以下，而且一直处于下降的趋势之中。在所有的债务中，流动负债占比超过80%，有的年份甚至超过95%，流动负债主要是由往来关系的应付账款组成。可以看出巴宝莉正在

刻意降低长期负债比例以控制财务风险。虽然流动负债占比极高，但由于企业流动资产中的现金、应收账款及存货金额较大，所以流动比率一般在1.5以上，速动比率也高于1。因此巴宝莉集团的短期和长期财务较为稳健，财务风险低。

## （三）周转率的慢慢牛

表3　　营运能力指标

| | 2006/07 | 2007/08 | 2008/09 | 2009/10 | 2010/11 | 2011/12 | 2012/13 | 2013/14 |
|---|---|---|---|---|---|---|---|---|
| 存货周转率 | 2.2 | 1.3 | 2.0 | 2.9 | 2.0 | 1.8 | 1.6 | 1.6 |
| 应付账款周转率 | 1.9 | 1.9 | 22.5 | 18.0 | 1.7 | 1.7 | 5.1 | 6.3 |
| 应收账款周转率 | 6.2 | 5.6 | 6.4 | 10.0 | 11.3 | 12.8 | 12.5 | 10.1 |
| 流动资产周转率 | 2.0 | 1.6 | 1.6 | 1.7 | 1.8 | 1.8 | 2.1 | 1.9 |
| 固定资产周转率 | 5.2 | 5.4 | 4.6 | 5.0 | 5.3 | 5.6 | 4.9 | 5.9 |
| 总资产周转率 | 1.1 | 1.0 | 1.1 | 1.1 | 1.1 | 1.2 | 1.1 | 1.2 |

奢侈品公司的特点是利润率高而资产周转速度慢，样本期间巴宝莉的存货周转率从2次/年降到1.6次/年的水平。同期，全球奢侈品市场低迷，销售增速下滑，甚至出现负增长，难以实现周转的加快。2012年，巴宝莉还在奢侈品行业中第一个传出盈利预警，这预示了全球奢侈品行业颓势的处境。奢侈品行业的增速下滑有多方面原因：欧洲债务危机下的欧洲市场全面萎缩、奢侈品的重头戏美国市场增长缓慢、中国及亚太市场受创等等。很多奢侈品集团因为采取多品牌、多品类的战略，业绩下滑相对平缓，可能不会像单一品牌的巴宝莉集团反应这么剧烈。虽然由于2008年金融危机的教训，全球大多数奢侈品牌的供应链管理效率都有所提升，这次市场逆转的去库存压力没有2008年金融危机时期那么大；但全球经

济增长“发动机”的中国市场持续高增长的势头不再，中国居民消费习惯也正在逐渐转向理性化，这对以中国为主要目标的奢侈品品牌的影响可能是最大的。因此，奢侈品牌业绩的回升过程将是比较缓慢的。然而慢慢牛才是真的牛。巴宝莉集团虽然产品周转慢、经营成本高、经营风险大、投入资本高昂，而且必须有足够大的销售规模才能获得合适的回报，但随着全球商品在线零售越来越蚕食实体分销渠道的趋势蔓延，巴宝莉采用的全方位控制正在发挥作用，慢慢地显现出其举足轻重的份量。巴宝莉集团利用数字技术，鼓励发烧友上传各类商品的照片吸引顾客，同时自主运营电商网站。2010 年年末，巴宝莉网站已经在全球 45 个国家全新上线，网站使用 6 种语言满足不同国家的用户在线购物，同时还为客户提供 14 种语言的随时咨询。与此同时，巴宝莉紧密跟随社交网络的步伐，利用这一平民化的宣传手法让普通大众都可感受顶级奢侈品文化。巴宝莉通过第一手的交易信息系统掌握订单、库存、售后、物流等资讯，这些资讯反馈回来又对线下销售提供顾客喜好度的分析支持。销售部门也可以根据线上的用户消费偏好决定线下的营销策略，而线下的销售结果也可以反哺线上。有了这些基础数据，巴宝莉集团可以对商品进行最精细的品类分析，制定战略，做品牌传播。如今在各专卖店内，巴宝莉的店员手持平板电脑为客户导购，平板电脑上存储有客户的购物历史，线上和线下的商品同步更换，价格完全相同。为了提高周转率，巴宝莉还通过鼓励发烧友上传各类商品的照片吸引顾客，这一举措成功将商品的周转率提高了 5% 到 7%，平均订单金额也提高了 2%。巴宝莉还从许可销售模式转变为垂直一体化的管理模式，全面拓展直营店，压缩授权业务，从而全面提升供应链和信息技术链的效率，比如对伦敦总部重新改造；将公司所有团队集中在一起办公以加强各部门之间的沟通和协作，降低协调成本；推出能够覆盖全球的卫星自动控制系统；稳定公司与供应商的关系以及加强后勤管理等。有效的数字化营销方式带领巴宝莉在短短数年期间跨入顶级奢侈品之列。当然，这也造成了公司巨额花费，而进入顶级奢侈品行列的巴宝莉已经能淡然面对周转率较低这一行业通病了。

作为世界上第一家真正意义上拥抱数字媒体的奢侈品公司，从2011年开始，巴宝莉集团在全球精选的旗舰店内同步实现虚拟实景，嘉宾通过店内的高分辨率显示屏和高品质的立体环绕数字影音，可以身临其境地体验整场时装盛宴。门店内所播放的视频内容全部由巴宝莉总部进行编辑和播放，为全球各门店营造不同的购物氛围，并根据不同的区域特征提供不同的播放内容。客户可以通过店内的平板电脑上搜索到所需商品并立即下单购买，商品将在7周内交付给消费者，这远快于奢侈品行业的一般交货周期。此外，巴宝莉还在北京举办过3D全息秀，与苹果公司合作使用智能手机进行时装秀直播，还与谷歌公司合作巴宝莉之吻（Burberry Kisses），客户可以通过智能手机或网络摄像头捕捉吻痕，再通过电子邮件传递给心爱的人。巴宝莉在服装里缝制RFID标签，消费者地试穿时，穿衣镜会变身屏幕，展示该服装在秀场上的画面。在伦敦科芬园的巴宝莉彩妆店实现了全数字化操作，通过平板电脑控制店内光效，通过智能手机扫码结账，并智能定制适合顾客肤色的彩妆。巴宝莉因其卓越的全方位店铺服务体验而获得Bytes and Bricks大奖，这说明巴宝莉的数字化营销模式得到了专业的肯定。这一切都表明，巴宝莉的新潮和年轻化，不仅体现在设计上，而且已经成了品牌的生存方式。这个百年老品牌的品牌形象被塑造得非常现代、年轻、有活力，变成了现代、时髦和国际化时装的代名词，同时也成为最令英国创意产业骄傲的品牌之一。

## （四）收益颇丰的投资者

表 4　　　　　　　　盈利能力指标

| | 2006/07 | 2007/08 | 2008/09 | 2009/10 | 2010/11 | 2011/12 | 2012/13 | 2013/14 |
|---|---|---|---|---|---|---|---|---|
| 销售毛利率 | 61% | 65% | 55% | 63% | 67% | 70% | 73% | 71% |
| 销售净利率 | 13% | 14% | 0% | 6% | 14% | 14% | 13% | 14% |
| 资产净利率 | 15% | 14% | 0% | 7% | 15% | 16% | 15% | 17% |
| 权益净利率 | 28% | 27% | -1% | 14% | 28% | 30% | 25% | 28% |

与全球奢侈品销售业绩下滑截然相反的，英国奢侈品大牌巴宝莉在中国的生意可谓风生水起，并通过在阿里巴巴旗下天猫平台开设官方旗舰店，试水电子商务，获得更多中国消费者的广泛认同。多数高冷的奢侈大牌认为数字营销有损品牌形象，巴宝莉却一直以创新大胆的数字营销闻名——这个积极向互联网和社交媒体敞开怀抱的英国百年品牌见证线上销售的快速增长。线上交易的上升和商品平均售价提高推动了巴宝莉公司的销售毛利率逐年上升，从 2005/2006 财年的 59% 升至 2013/2014 财年的 71%，其中 2012/2013 财年更是达到史上最高的 73%。毛利的增长主要源于定价较高的高端商品的强劲销售。为了配合高端商品的销售，巴宝莉在关键市场上配备私人客户团队，对团队进行潜力消费市场的文化培训，确保对重点客户的无缝服务。巴宝莉官网的重要功能就是可以进行线上交易商品，而且这部分的销售额每年都有突破性的增长。除此之外，巴宝莉独家推出的“走秀款定制服务”可谓匠心独具。对于消费者最具诱惑的就是可以提前买到下一季的商品，并且仅需等待 8 周的时间。这些数字化营销上的创新都为巴宝莉线上销售的飙升增色不少，但也存在的一系列复杂问

题，如供应链、销售渠道、经销商网络、库存、广告、市场营销费用必然也随之上涨，这些期间费用对于巴宝莉的销售净利率产生了负面影响，比如在样本期间，巴宝莉集团的年销售净利率均低于15%，2008/2009财年更是因为清理库存而无盈利。

巴宝莉作为奢侈品牌登陆互联网，为普通的大众消费者也开启了一扇窥视奢侈品的窗。科技元素的加入，也让巴宝莉成为在互联网时代第一个实现进化的奢侈品品牌，这就是市场对勇于创新者的最佳回报。在人人都以为奢侈品的窄众与互联网的广众是天敌之时，巴宝莉证明了奢侈品可以借势互联网。这种创新营销和精耕细作为股东带来了可观的回报。虽然样本期间的总资产报酬率只有15%左右，但在财务杠杆的作用下，权益报酬率却一直是总资产报酬率的两倍多，再加上资本市场上其股票价格的强劲表现（样本8年间其股票市价上涨了两倍多），为股东带来的回报更为可观。即投资奢侈品股票的回报也极尽“奢侈”，所以市场人士总结认为：买奢侈品，不如做奢侈品股东。

## 三、结束语

巴宝莉这家创建于160年以前的英国时尚奢侈老牌以其车间老匠人一针一线缝制起的手工艺品带着高贵的神秘感延续至今。如今，巴宝莉迎来变化——它把一个平常的米黄色风衣品牌变成了一个时尚与潮流领导者。从巴宝莉推出第一件风雨衣开始，现代人群抗风躲雨的方式开始有了新的定义。虽然现代社会有了各种便利的交通工具，让风雨天气不足以成为阻碍人们出行的问题。但是，一件经典的巴宝莉风衣依然是追求品质的人会想到的衣橱必备单品。当人们以为奢侈品的窄众与互联网的广众难以匹配时，巴宝莉用数字化更好地传播信息，探索经典内涵和现代语言的平衡，证明了奢侈品也可以适应互联网科技。

巴宝莉集团的成功之处与其财务战略不无关系：通过数字化营销实现企业规模的扩张和营收盈利的增长；资产负债率逐年降低，且流动负债占比较高；资产周转较慢，着眼于长期可持续发展；数字营销增加客户体验，提升毛利率和股东回报率。但对于巴宝莉而言，也有负面影响困扰不断，除了奢侈品全行业面临的困境外，还有以下四个：

其一，产品范围调整失去部分客户。巴宝莉不断调整产品范围，更多倾向高档和独家产品，这个策略可能意味着失去一些客户。

其二，屡陷收购传闻。近几年传闻美国私募基金、路威酩轩、巴黎春天等都将巴宝莉列为潜在收购对象，在收购传闻困扰下公司市值受到一定的损失。

其三，数字化变革遭质疑。巴宝莉将超过60%的营销预算投入到数字技术，外界质疑其在数字营销上的投入只是“耍花枪”，并没有收到预期的成效。

其四，高管变更。巴宝莉集团现任CEO的安吉拉·阿伦茨（Angela Ahrendts）于2014年加入苹果公司，出任负责苹果零售业务的高级副总裁。安吉拉是一位杰出的掌舵人，从2006年她加入这个百年老品牌以来，巴宝莉品牌收益不断增加，股价也增长了两倍多，成为了奢侈品牌界的楷模。失去安吉拉对于巴宝莉来说是很大的损失，消息一放出，巴宝莉的股票就大跌6%。

经典品牌在历经潮流的涤荡之后，依然散发出灼人的光芒。熟悉巴宝莉的人们一看到“巴宝莉格子”就如同看到了自己心爱的品牌。巴宝莉代表一种崇尚品位的生活艺术，一贯保持着优雅自然的韵味。新世纪的巴宝莉让人迷乱的不仅仅是格子。十几年前巴宝莉集团总部差点被改建成牧场，而且如今成了“Brand Z 全球最具价值品牌100强”排行榜的奢侈品类别十强之一，咸鱼翻身的巴宝莉的增长超过了奢侈品行业的增长速度。然而奢侈品的发展需要大量的技术、努力和投资，路威酩轩等老牌奢侈品已经通过收购等方式成为了行业的霸主，所以巴宝莉前行的路上仍然充满了挑战。

# 故事七：百岁天使普拉达

## 一、普拉达的品牌故事

意大利奢侈品品牌普拉达（Prada）是全球奢侈品行业的领先企业之一，公司不断创新业务模式，成功地将工业化生产流程、精湛的制作工艺和卓越的手工产品相结合，甄选优质原材料，制作奢华时尚产品。全球著名品牌咨询公司 Interbrand 公布的“2014 年全球企业品牌价值排行榜”（Best Global Brands），普拉达凭借 59.77 亿美元的品牌价值名列第 70 名。

1913 年马里奥·普拉达（Mario Prada）在意大利米兰创建了以自己名字命名的公司。由于当时欧洲和美洲活络的商业贸易和交通商旅频繁，创始人马里奥推出一系列针对旅行的手工皮件产品，并开设一间普拉达精品店，这家位于米兰著名的盖勒利亚拱廊的普拉达店面至今仍然是米兰著名的观光地。意大利的皮件远近驰名，其优良的打制技术一直居于领先地位。普拉达皮件产品一经推出就很快吸引了欧洲贵族、上流社会雅士以及追求高品质生活的人士的光顾。此后，普拉达被指定为意大利皇室的官方供应商，被塞沃家族授予盾徽和结绳标记的使用资格。1958 年马里奥·普拉达去世后，普拉达便进入漫长的低迷时期。20 世纪 70 年代，普拉达业务开始衰落，有夕阳西下、垂垂老矣之感，几近破产边缘，直到 1978 年创始人马里奥的孙女缪西娅（Miuccia Prada）接手主持后，普拉达才开始重拾往日的蜚声，并迈向全新的里程碑。从事设计工作的缪西娅凭借自己独特的设计风格与卓越的经营理念，把手提包和鞋子等这些传统意义上的搭配次要品作为公司的主角，并成功地结合了富有经验的专业大型制造程序和注重品质的专业化小型作坊的优点，使普拉达得到迅速发展壮大。对缪西娅来说，设计是个不断尝试和创新的过程，需要有不妥协的探索和实验精神。她从这个探索和实验的过程中创造了一系列真正创新和令人印象深刻的设计元素，正是这些最终使普拉达成为这个当代时尚界的经典。可以说，普拉达这个“丑小鸭与白天鹅”故事的转折点归功于普拉达的设计与现代人生活形态水乳相融，不仅在布料、颜色与款式下工夫，其设计背后的生活哲学也契合了现代人追求切身实用与流行美观的双重心态，普拉达在功与美学之间取得完美平衡，所推出的产品不但是时尚潮流的展现，更是现代美学的极致。其中最有名的是，缪西娅寻找到和传统皮料不同的新颖材质，历经多方尝试，从空军降落伞使用的材质中找到尼龙布料，生产出质轻耐用“黑色尼龙包”，一炮而红。1983 年普拉达推出皮鞋；1989 年普拉达首次推出秋冬服装秀，一反当时潮流的设计赢得了不少赞美；20 世纪 90 年代，普拉达开始主要奉行极简主义的口号，其简约并带有一股制服美学般的设计正好与潮流不谋而合。1992 年普拉达推出以缪西娅小名命名的副线 Miu Miu。1993 年，普拉达又推出秋冬男装与男鞋系列，旗下男女装、配件马上成为追求流行简约与现代摩登的最佳风范；20 世纪 90 年代末期，全球休闲运动风潮盛行，普拉达推出兼具功能与流行设计的运动系列，造成一股流行旋风。到了 2000 年，普拉达推出了护肤品系列，因简洁前卫的包装和高品质而闻名。2004 年普拉达推出首款香水。缪西娅·普拉达本人对于香水的设计青睐有加，她亲自参加香水研制过程，借助香水的推出，让自己的“美容帝国”沿着传统和创新的两个基本理念前行，一直风光无限。从皮件、服装到鞋子、内衣、护肤品、香水，普拉达逐渐成为一个完整的精品王国，版图也开始拓展到全世界。

近十年来，普拉达开始了其国际化的步伐，品牌价值不断提升，如今已经成功跻身于全球最具价值的百强品牌之列，普拉达已经从一个小型的家族企业发展成为世界顶级的奢侈品牌。目前，普拉达集团已经拥有 Prada、Jil Sander、Church's、Helmut Lang、Genny 和 Car Shoe 等极具声望的国际品牌，同时它还拥有 Miu Miu 品牌的独家许可权。所有普拉达集团麾下的产品的加工生产都是由被公认为拥有意大利最高端的皮具和鞋类生产工艺和技术的 Tuscany 地区的 Prada Spa 管辖。对于批量生产的产品，普拉达对产品高质量的要求也丝毫没有松懈，对品质永不妥协的观点已成为普拉达著名的企业理念。2011 年 6 月 24 日，普拉达这个拥有近百年历史的意大利家族品牌在香港挂牌上市，正式成为公众公司。目前，普拉达集团的经营范围主要有三个时尚领域：箱包与配饰、成衣和鞋类产品。除了时尚产业之外，艺术、建筑、电影和哲学也是普拉达品牌核心价值中不可或缺的组成部分。

从 1913 年创办首家精品店到 20 世纪 70 年代濒临破产，再到如今的世界顶级奢侈品品牌，普拉达在百年的发展过程中，致力于创造兼具经典色彩和创新精神的时尚理念，最终成为享誉世界的传奇品牌。

# 二、普拉达集团的财务报表分析[①]

## （一）规模增长冠绝同行

表 1　　财务报表主要数字　　单位：百万欧元

| | 2010/11 | 2011/12 | 2012/13 | 2013/14 |
|---|---|---|---|---|
| 现金及等价物 | 79 | 354 | 572 | 568 |
| 总资产 | 2 366 | 2 944 | 3 385 | 3 888 |
| 总资产增长率 | | -3.52% | -4.96% | 12.72% |
| 营收 | 2 047 | 2 556 | 3 297 | 3 587 |
| 营收增长率 | | 24.87% | 29.02% | 8.80% |
| 净利润 | 388 | 603 | 884 | 923 |
| 净利润增长率 | | 55.30% | 46.56% | 4.45% |
| 经营活动现金 | 368 | 480 | 759 | 769 |
| 投资活动现金 | -192 | -257 | -332 | -548 |
| 筹资活动现金 | -169 | 40 | -198 | -220 |

2013 年欧债危机的阴霾缠绕欧洲，全球经济受此影响。由于经济形势持续不明朗、政治及社会局势紧张，国际环境极其严峻。在整个实体经济面临去杠杆、去库存的压力下，欧洲各个行业的企业经营困难重重，普拉达的多个重要市场均受到影响。但是所谓的危机，有危险，也有机会，奢侈品行业作为对经济危机相对不敏感的行业，只要能够制定正确的战

① 普拉达公司的财务年度是每年的 2 月 1 日至次年的 1 月 31 日。本书研究样本是该公司 2010/11～2013/14 财年的 4 份年报资料。

略，依然能够在经济低迷的时候取得强劲增长，奢侈品行业龙头普拉达就在危机中抓住了机遇。危机时期，普拉达集团继续投入资源，以期实现其中长期目标，例如，在未充分开发的市场继续开设新门店；在全球范围内启动多项沟通措施，以提升品牌形象及增进客户与普拉达的联系。本书样本期间，普拉达集团的总资产规模一直都以两位数的速度强劲增长。到2014年3月31日，公司账面总资产金额已经近40亿欧元，超过了爱马仕的资产规模。可见，即使是在后金融危机时代，普拉达也能化危为机，顶着“意大利制造”的招牌，在竞争激烈的奢侈品市场中脱颖而出，逆势成长，冠绝同行。普拉达成功的秘密正是将规模化生产的超卓效益与匠心独运的制作工艺相结合，再配之以讲求产品质量的精神，确保品质超群的大牌风范。而且，普拉达还计划在意大利和英格兰扩大生产投资、建立技术培训中心；新增旗下的Car Shoe和Church品牌的配件产品和增加Church品牌的成衣产品，同时还要更注重男装的发展。与其他奢侈品扩张不同，普拉达的增长不依赖于收购，而是销售。

在国际奢侈品市场不景气的背景下，普拉达的全球各市场贡献的收入普遍下滑。但各市场情况各不相同：日本及美国市场呈增长趋势，欧洲、意大利及亚太市场呈下滑趋势。为了不流于大众，很多顶级奢侈品牌曾屡次涨价，但销量不减反增，美国经济学家凡勃伦为这样一个经济怪圈画出了一条价格越高、需求量越大的向上倾斜的需求曲线，因此这种效应被称为“凡勃伦效应”。普拉达也同样甜蜜地陷入了这样一个“凡勃伦效应”的怪圈。样本期间的4年中，普拉达的年营收规模从20亿欧元升到36亿欧元，年均涨幅高达20%。与此同时，税后净利也从2009年度的1亿欧元涨到创历史记录的2013/14年的9亿欧元。但与此同时，集团净利润的增速大大放缓。普拉达开始将开店的速度放慢，并将主打品牌普拉达专攻高端顾客，而其下的副线品牌则瞄准低端市场。

样本期间内普拉达集团的现金及现金等价物也逐年增加，从2009年的1亿欧元涨到2013年底的近6亿欧元。2011年普拉达公司在香港首次公开发行向投资者募资2.06亿欧元，主要目的之一就是为了减少短期银行债务，增加现金余额。而且，公司经营活动产生的现金流几乎全用于投资活动和融资活动支出。普拉达动辄上亿欧元的新开设直营店投资所需资金主要源于公司自身的创现能力，而反过来直营零售渠道又为普拉达贡献了绝大部分业绩和经营现金流量。因此，具有充足资金与扩张门店数量，对普拉达而言是相辅相成、互为前提的。除此之外，开发初级奢侈品领域的资金投入需求也非常大。普拉达为了面向更广泛的消费群体，增加入门级产品和高端价位的产品，也因此增长了投资现金流量。

## （二）控制债务改善结构

**表2　　偿债能力指标**　　单位：百万欧元

| | 2010/11 | 2011/12 | 2012/13 | 2013/14 |
|---|---|---|---|---|
| 流动比率 | 1.17 | 1.56 | 1.87 | 2.07 |
| 流动负债 | 659 | 717 | 742 | 706 |
| 应付账款 | 234 | 284 | 331 | 349 |
| 物业、厂房及设备 | 537 | 714 | 857 | 1 230 |
| 资产负债率 | 49% | 38% | 31% | 31% |

随着直营店数量的增加，营收盈利增长的同时，普拉达的库存也在5年内增加了近两倍，所以普拉达集团的流动比率也逐年提高，样本期间4年内，其流动比率翻了一番，从1.2增长到2.1。在流动负债中，有一半左右是客户占款所形成的应付账款。可见，普拉达的短期偿债能力非常强。同样随着直营店数量的增加，普拉达的非流动资产（主要是公司属下

的土地和建筑）也大幅增加。公司账面的“财产/工厂/设备”等固定资产从2011年的5亿欧元上升到2014年的12.3亿欧元，上涨将近3倍。固定资产快速上升的同时公司的资产负债率却一路下降，从50%降至30%。从流动负债和长期负债金额持续下降可以看出，普拉达除了具备强劲的收入增长、高效的经营效率及快速的现金流生成能力外，公司还努力降低债务水平，缓解财务风险。这家曾经为了大量并购扩张而把自己拖进债务漩涡中的奢侈品公司，开始在债务问题上作出了巨大改变。巨额的债务主要源于20世纪末普拉达的疯狂收购战略，而选择在香港上市正是普拉达集团缓解债务危机的重要举措之一。普拉达到香港上市事件一事也折射出奢侈品行业与众不同的运作逻辑——不愁价不愁卖就怕没资源。在香港上市之前，普拉达已经经历了4次上市失败，甚至曾一度考虑过对外出售40%的股份以偿还公司的巨额债务。到香港上市发行股票所筹集的资金也主要是用来还债。上市之前，普拉达家族拥有95%的股权，上市之后普拉达家族仍掌握着集团半数以上的股权，从而较好地保证了控股权不落入外人之手，这在股权敌意收购大战激烈的奢侈品界是尤为重要的。

### （三）品牌协同跨界营销

表3　营运能力指标

| | 2010/11 | 2011/12 | 2012/13 | 2013/14 |
|---|---|---|---|---|
| 存货周转率 | 2.6 | 2.2 | 2.6 | 2.4 |
| 总资产周转率 | 0.9 | 1.0 | 1.0 | 1.0 |

普拉达作为全世界知名的奢侈品品牌，客户主要是高端奢侈品消费人群。普拉达旨在为其高端客户提供优质精致的产品，以彰显这些消费者的

奢华式理念。高端、奢华、精致是普拉达目标客户的重要特征，也是其市场营销的起点。与所有的顶级奢侈品一样，普拉达不靠快销打市场，而是要靠历史积累的记忆，让商品的高贵品质沉淀在消费者的心中。而且，普拉达通过旗下的不同品牌的协同效应，成功理顺品牌间的关系，避免直接竞争、浪费资源、损害品牌形象等，从而有利于形成整体优势。在普拉达的品牌架构中，普拉达是主品牌、核心品牌和一线品牌，而 Miu Miu 等是二线品牌、副品牌，Fendi 等是三线品牌，每个品牌有不同的细分市场和品牌形象，可以满足不同层次的消费需求，同时也拥有自己的个性和形象。不同品牌之间通过企业大品牌来联系，存在着配合与协调，充分发挥整体协同效应。在这样的品牌协同效应之下，普拉达集团的存货周转率明显高于爱马仕的周转速度。总资产周转率也优于奢侈品行业的平均水平。

作为充满意大利传奇色彩的绝对一线品牌，即便在 2008 年经济危机后全球奢侈品行业发展维艰之时，普拉达销售业绩也在迅猛增长。普拉达快速增长的秘籍是通过跨界营销的方式保持品牌的神秘感和新鲜度。其一是娱乐跨界营销。娱乐跨界营销鼻祖式的美国电影《蒂芙尼的早餐》是普拉达品牌与名人结合进行宣传的范例，脱离了单纯的“谁在用普拉达”的模式，进入“什么样的人在用”的层次。2006 年美国电影《穿普拉达的女王》在令人目不暇接的场景变换中，向观众展示每件普拉达衣服和配饰的魅力。普拉达成功地利用影片将品牌时尚与个性进行了恰到好处的对接，将品牌内涵与时尚的职场女性紧密相联，引起消费者强烈的共鸣。普拉达还针对中国影迷在中文官网上进行相关服饰发布搭配和电影情节的深度营销，取得不俗效果。其二是手机跨界营销。除了在娱乐营销上大获成功之外，普拉达还在尝试跨界手机领域。针对亚太区市场对奢侈品手机的消费热情及亚洲客户对带有品牌标志和直观特点的奢侈品手机的好感，普拉达曾联手 LG 公司推出了一款 LGPRADA 手机，黑色的机身结合普拉达简洁大气设计，让高贵气息和迷人的科技魅力融为一体。虽然价格不菲，但上市后依然受到中国香港、台湾，新加坡、中国内地的消费者的热烈追捧。跨界营销开启了普拉达在亚洲疯狂扩张的野心，大大提升了其资产的周转速度，而上市后普拉达也表示所得款项将投资于其野心勃勃的扩展计划中。

## （四）毛利增长净利反降

表 4　　盈利能力指标

| | 2010/11 | 2011/12 | 2012/13 | 2013/14 |
|---|---|---|---|---|
| 销售毛利率 | 68% | 72% | 72% | 74% |
| 销售净利率 | 19% | 24% | 27% | 26% |
| 资产净利率 | 16% | 20% | 26% | 24% |
| 权益净利率 | 32% | 33% | 38% | 34% |

不论经济周期起伏跌宕，甚至在金融危机的行业逆市中，普拉达仍然能够保持收入和盈利稳步增长。普拉达集团即使处于逆市但仍然实现增长，成功的原因主要在于集团侧重零售策略。20 世纪 90 年代末，普拉达店铺理念进行了重新定义并邀请国际知名的先锋建筑师为其设计 Epicenter 旗舰店。Epicenter 旗舰店不仅改变了人们的购物理念，还通过先进技术和多元文化启迪相结合，为客户提供完整而独特的服务，刷新了顾客的购物体验。这些风格独特的店铺迅速发展成知名的地标型建筑。与“新奢侈主义”的没落形成鲜明对比的是，始终秉承高端、坚持零折扣的普拉达受外界的影响较小。普拉达定位高端，价格比一般品牌要高出十倍乃至上百倍。将产品定位高端不仅可以提升品牌价值，还可获得较高的毛利率。虽

然奢侈品的高毛利率是普遍现象，但普拉达在毛利更胜一筹：样本期间普拉达的销售毛利率一直处于上升的通道中，从68%升至74%。随着普拉达零售渠道扩张、产品创新及产品组合优化，其市占率会继续扩大，预计毛利率还会继续升高。当然，毛利率的增长还与普拉达提价策略相关。正常情况下，普拉达都会每年一到两次涨价，这是奢侈品牌的一种自我保护。与此同时，奢侈品全球竞争对手都在深度挖掘品牌基因和故事，以更深层次的文化来教育和加强与消费者的联系。普拉达积极应对，不仅在布料、颜色与款式下工夫，其设计背后的生活哲学正巧契合现代人追求切身实用与流行美观的双重心态，不但是时尚潮流的展现，更是现代美学的极致体现。

高溢价奢侈品品牌给予消费者的主要价值是个性与身份的象征，但高溢价品牌的消费市场往往比较狭窄，一个品牌往往能占据一个规模较小的细分市场。因此，普拉达也面临目标市场狭小、消费需求难以满足的风险。品牌一定程度上的高溢价是传达个性、内心情感、财富、成功所必备的前提。要成功塑造感情型、自我表达型为主要价值的品牌，品质和技术是基础。只要品牌能塑造出相应的品位与自我表达型利益，就会有消费者愿意为市价买单。当然，要满足这种利益诉求，企业也需要付出较高的成本。企业不仅要通过广告塑造品牌豪华、成功、时尚等内涵，同时在工业设计与做工上精益求精，并在豪华高档的场所设置零售终端。正是因为做到了这些，普拉达才能成为在全球奢侈品品牌疲软背景下逆势增长的几个奢侈品品牌之一。保持逆势增长的功劳当数占营收比例50%、金额高达数十亿欧元的期间费用（主要是广告推广费用）。普拉达的新店选址都会统筹考虑商场建筑风格和周边消费环境、宾馆或街道的质量、店面空间大小等因素。精心独到的选址和美轮美奂的店面设计使普拉达专卖店成为城市的地标。华丽的店铺令普拉达名声鹊起，其挥洒巨资的促销活动更是吸引了无数眼球。普拉达每季会在店铺中举行特别的推广活动，向媒体和顶级客户展示最出色的新产品。普拉达还超越了店铺为品牌服务的传统认知，通过体验活动，使店铺和品牌互动起来，实现双赢。扣除高额的期间费用后，样本期间内普拉达的销售净利率在 2012～2014 年间有所下降，总资产净利率也比同期下降两个百分点。在财务杠杆的作用下，权益净利率下降幅度更大。从 38% 的最高点降至 34%，使得股东收益也随之下降。在香港上市之前，普拉达家族持股 95%，上市后家族仍然掌握了公司一半多的股份，权益回报率下降使得普拉达家族生意继承人、普拉达设计师缪西亚·普拉达这个“穿普拉达的女魔头”财富大大缩水，成为全球财富缩水最多的女富豪。

## 三、结束语

百年“善变”的大牌普拉达用自己的历史书写了一个传奇品牌的传奇故事。其财务故事可以总结为：扩规模、降债务、快周转和高毛利。对于普拉达而言，其未来发展路上愈加举步维艰：

其一，普拉达在快速发展中隐含着品牌拓展过快的风险。为了将普拉达建成一个足以抗衡路威酩轩集团和古驰集团的全球化多品牌时尚集团，普拉达前后进行了多次收购，过度的挥霍使得集团现金短缺，2011 年在香港上市所筹资的资金也主要用于偿还债务。从 2012 年开始，公司一直在疯狂扩张开店，在包括巴西、俄罗斯、印度、中国和南非在内的新兴金砖五国市场新增 260 家门店。这种扩张就品牌吸引潜在新顾客的需求而言，是有意义的，但是在品牌无所不在的时候，就很难保持其珍稀的形象，而且过度曝光是所有奢侈品牌的死神。一般情况下品牌并不知道他们已经面临过度曝光的问题，到发现的时候，已经覆水难收。一旦忠诚的普拉达爱好者发现大街上已是人手一个普拉达皮包，品牌就该被冷藏了。

其二，普拉达对旗下品牌延伸欠当。普拉达品牌定位为“最了解女人的品牌”。对女性消费市场的巨大影响力是普拉达品牌巨大的财富，也是普拉达的品牌形象。但普拉达之后推出男装和男鞋系列、运动系列等，破坏了其女性品牌的形象。品牌延伸并不是越广越好，专注某一细分市场成为专家，更容易得到消费者的认可，更容易提升品牌价值。品牌延伸过泛就会导致混淆品牌形象，模糊品牌概念，造成品牌淡化。

其三，领袖和市场依赖症。普拉达的品牌复兴要归功于缪西娅，是她改变了这个家族品牌的命运，是她用自己对时尚准确把握的敏感性，配合特有的设计风险，树立了普拉达独特的品牌个性和品牌价值。因此，普拉达的品牌带有很大的缪西娅个人特色，普拉达的成功也是缪西娅的成功。但普拉达对缪西娅太过依赖，以至存在领袖依赖症。这样的企业成功容易，但一旦领袖不在了，企业的毁灭也是很快的。普拉达集团在港交所上市仅仅半年后，就流失了三分之一的管理人员。此外，与许多国际奢侈品牌一样，普拉达将中国市场作为发展的重头戏。2010 年前后，中国奢侈品市场正如井喷般爆发，普拉达也制定了雄心勃勃的“东移计划”。然而在中国“大跃进”式开店的后遗症，直接导致普拉达在经济危机的背景下，品牌的资金状况也并没有那么优良。由于广开门店导致可比单店销售额的下滑，最后普拉达集团可支配现金缩水，而同期的成本上升，更是雪上加霜，以及中国政府倡导的反腐行动和节俭之风来袭，奢侈品便成了天然的对立面，再加上香港“占中”活动的影响，使得普拉达在华业务整体显著下滑，普拉达的诸多规划也缺乏了实施的动力。

其四，普拉达的很多走秀设计虽然极富创意、令人惊艳，但日常穿着度并不高，难以拉动销售。当众多奢侈品开始在设计与渠道上走多元化路线的时刻，普拉达仍然靠着一款经典单品“杀手包”走天下。从产品结构上看，普拉达销售的多为其经典款和基本款，缺乏新鲜感。而且，大幅提价也带来了普拉达品牌定位尴尬的问题。价格的提升的同时，普拉达品牌的奢侈性和排他性却在减小。频繁出现的质量问题、时不时见诸报端的中国代工、过多地为奥特莱斯渠道生产低廉的产品都在很大程度上影响和稀释了这个意大利奢侈高端品牌的形象和内涵。2013 年这样的一条微博被广泛传播："如果你买个普拉达包用了 1 年，拉锁没坏，Logo 没掉，没开线没掉色，质量杠杠的好，基本可以证实你买的是假货了"。该条被很多网友称作是"高级黑"的微博讽刺的是普拉达的质量问题。与同样曾陷入"质量门"的古驰、卡地亚等品牌迅速进行危机公关不同，普拉达用"因为使用了无色无味的高档胶，所以耐磨性较差"这样的神回复应付消费者，让喜欢它的人大跌眼镜。

2015 年，从来不降价的普拉达也参与了香奈尔、古驰等发起的降价大潮，以至于人们叹息奢侈品的好日子过去了。如今，百岁的普拉达如何在下一个百年里继续基业长青，是摆在这个奢侈品巨头面前的一道重大命题。对于很多普拉达的忠实用户和众多奢侈品爱好者来说，当然希望听到普拉达"天使不老"的故事。

# 故事八：钻石之王蒂芙尼

## 一、蒂芙尼的品牌故事

TIFFANY & CO.

蒂芙尼（Tiffany）是全球知名的奢侈品公司之一，是为世人熟知的订婚戒指的首创者。蒂芙尼是美国珠宝设计的象征，以爱与美、浪漫和梦想为主题享誉了近两个世纪。蒂芙尼蓝色礼盒（Tiffany Blue Box）是美国时尚独特风格的标志。蒂芙尼温柔纤细的“官能美”，成为世上所有女性的幻想和欲望。1987 年在纽约股票交易所上市的蒂芙尼股票还是标准普尔 500 指数的成分股。在全球著名品牌咨询公司 Interbrand 公布的“2014 年全球企业品牌价值排行榜”（Best Global Brands）上，蒂芙尼凭借 59.36 亿美元的品牌价值名列第 71 位。

纽约的百老汇叙写了很多名人的地方志和发家史。1837 年，精明的查尔斯·蒂芙尼（Charles Lewis Tiffany）和约翰·杨在纽约市曼哈顿区百老汇大街 259 号成立了一间以销售钟表、银制品、首饰为主的精品店，店名为“蒂芙尼和杨”（Tiffany & Young）。一开始店里没有像样的珠宝，生意十分惨淡，没有人脉。1853 年，蒂芙尼独自接管该店，把店名缩写为现在的蒂芙尼珠宝首饰公司（Tiffany & Co.），并以珠宝作为主要经营业务。查尔斯·蒂芙尼是一位天才的生意人，他马上敏锐地感知到做生意要善于制造噱头：有噱头就会有人气，有人气就会有生意。他孤注一掷地变卖家中所有的物品，买下欧仁妮皇后的一颗珍奇的鲜黄色钻石，并在纽约为这颗钻石举办了一个展示会。全球急于一睹这件稀世珍宝风采的参观者蜂拥而至，蒂芙尼净赚了几十亿美元。美国南北战争结束后，在林肯总统的就职仪式上，总统夫人就配戴着蒂芙尼的珍珠项链，无形中为蒂芙尼做了一个大大的广告。传说在林肯总统被暗杀的瞬间，蒂芙尼集团大楼上的一个从 1853 年以来一直被作为装饰用的神钟也突然停止摆动。这个巧合为蒂芙尼的品牌历史留下了一份神秘色彩。林肯之后，几乎每位总统先生就职时都会去蒂芙尼给自己的夫人挑选一款首饰，总统夫人还会与所挑选的首饰一起拍张巨幅照片留影。这些照片也成了蒂芙尼最宝贵的资产。

蒂芙尼还与世界银器制造大师合作，并成为了世界有名的银器制造商之一。1867 年，在巴黎的世界万国博览会上，蒂芙尼荣获银器制品优秀奖，从此走上了闪光的历程。1877 年，蒂芙尼购入了一颗重 287 克拉的钻石，采用了 90 切割面的工艺加工这颗重 287 克拉的钻石，使它显示出最美丽的光彩并成为蒂芙尼的传世之宝。1886 年，蒂芙尼公司发明了用六爪镶嵌钻石的“蒂芙尼制作法”，这种镶嵌方法能使钻石的光芒最大限度发挥出来。蒂芙尼设计的这种式样至今仍然是订婚戒指的典范。这种设计一经推出便引起轰动，当时每个皇室名媛们都想拥有蒂芙尼六爪镶嵌设计的钻石——把钻石托镶于戒台之上，将钻石的闪烁光采提升至极点，它富于温柔纤细的感性且具有极致的外观，同时也将女人们的虚荣推到极点。

到 19 世纪末，蒂芙尼的顾客名单上包括英国维多利亚女王、意大利国王以及丹麦、比利时、希腊和美国众多名声显赫的百万富翁。查尔斯·

蒂芙尼也被评为“钻石之王”，这个美誉一直流传至今。1980 年毕加索的女儿——巴罗玛·毕加索出任蒂芙尼公司设计师。毕加索奉行非神秘化的设计宗旨，她为蒂芙尼设计出象征亲吻的“X”造型的首饰风靡世界。

蒂芙尼集团从简陋的小商店起家，几经变迁，最后成为美国首屈一指的高档珠宝商店，实力堪与欧洲的珠宝王朝一争高下，名声超过了巴黎名牌卡地亚。100 多年来，每一款蒂芙尼的设计虽然各自风格迥异，但还是可以容易地辨认出专属蒂芙尼的封印。那种根于艺术历史的传统价值中的谦默与坚持，神秘而直接，固执而有主张，开放而封闭，雄心勃勃又崇尚自然。蒂芙尼自成立以来，一直将设计富有惊世之美的原创作品视为宗旨。蒂芙尼的设计讲求精益求精，每一款蒂芙尼的设计都好像是在随意间从自然界万物中获取营养并自然成长起来，没有繁琐和矫柔造作，只有简洁明朗，和谐、比例和条理，呈现出最美的姿态。

从银质餐具，到银质装饰品，再到钻石，蒂芙尼缔造出了许多非凡珍品。蒂芙尼的创作精髓和理念皆焕发出浓郁的美国特色：用简约鲜明的线条诉说冷静超然的明晰与令人心旷神怡的优雅。历经新艺术流派、装饰艺术流派以及今天的现代典雅风格的蒂芙尼珠宝一直都是世界各地博物馆的至爱珍藏。珍藏蒂芙尼的博物馆收藏的不仅仅是历史，还有艺术的价值。每年在世界各地的拍卖会上，蒂芙尼钻饰都令人心神向往。如今，那颗享誉国际、永久陈列在蒂芙尼纽约旗舰店、重达 128.54 克拉的“蒂芙尼彩黄巨钻”见证着蒂芙尼美钻的非凡传奇。

## 二、蒂芙尼集团的财务报表分析[①]

### （一）业务伸向上游

表 1　　财务报表主要数字　　单位：百万美元

| | 2010/11 | 2011/12 | 2012/13 | 2013/14 | 2014/15 |
|---|---|---|---|---|---|
| 现金及等价物 | 682 | 434 | 505 | 346 | 730 |
| 总资产 | 3 736 | 4 159 | 4 631 | 4 752 | 5 181 |
| 总资产增长率 | | 11% | 11% | 3% | 9% |
| 营收 | 3 085 | 3 643 | 3 794 | 4 031 | 4 250 |
| 营收增长率 | | 18% | 4% | 6% | 5% |
| 净利润 | 368 | 439 | 416 | 181 | 484 |
| 净利润增长率 | | 19% | -5% | -56% | 167% |
| 经营活动现金 | 299 | 211 | 328 | 155 | 615 |
| 投资活动现金 | -187 | -243 | -331 | -247 | -217 |
| 筹资活动现金 | -225 | -214 | 71 | -65 | -23 |

本书样本期间，蒂芙尼集团的总资产规模一直都以较快的速度强劲增长。截至 2015 年 1 月 31 日，公司账面总资产金额已经高过 52 亿美元，超过了爱马仕、普拉达的资产规模。对于蒂芙尼集团而言，钻石是其重点业务。除了在中国等新兴市场大举开设新店外，蒂芙尼还斥巨资投资南非钻石矿开发和勘探公司。蒂芙尼与钻石原料供应的矿产公司戴比尔斯、哈

① 蒂芙尼集团的财务年度是每年的 2 月 1 日至次年的 1 月 31 日。本书研究样本是该公司 2010/11～2014/15 财年的 5 份年报资料。

里温斯顿（Harry Winston）等全球9大钻石矿产商都有供货合同。由于钻石供货商数量越来越少，价格通常是由供货商决定，而且未来钻石的供应将越来越紧张，为此，蒂芙尼集团开始向上游拓展业务，陆续对一些钻石矿产商入股或者提供贷款，以获得将来钻石原料的优先购买权。所以即使未来全球钻石原料越来越稀缺，蒂芙尼仍然能够保证充足的原料供应。蒂芙尼扩张规模所需要的资金主要来源于企业销售额的增加所带来的自有资金的增长。销售额增加后的蒂芙尼把更多的资金投入到了二次扩张中，如此往复，形成了良性循环。

样本期间的5年中，蒂芙尼的年营收规模从30亿美元升到43亿美元，营收规模逐年增长。事实上，蒂芙尼的历史上，公司的营收一直在增大，几乎没有缩小过。即使在经济危机时期，蒂芙尼集团也因为其产品线的价格区段合适、性价比高而逆势成功。但本文样本期间蒂芙尼的税后利润有增有减。其中，在奢侈品环境不景气的2012年，由于贵重金属和钻石成本的上升，蒂芙尼集团的净利润跌4%，给“蒂芙尼蓝”蒙上了一丝忧虑。2013年与瑞士斯沃琪集团的诉讼纠纷，最后判决的罚金（4.495亿美元）超过了蒂芙尼集团2012年度的净利润总额，除了这笔巨额的赔偿金之外，蒂芙尼还被要求支付斯沃琪超过900万美元的法律费用以及诉讼成本以及三分之二的仲裁费用。事件源由追溯到2007年，当时蒂芙尼集团为了进一步发展品牌手表业务，蒂芙尼和斯沃琪集团宣布结成合作期长达20年的战略联盟。根据协议内容，斯沃琪集团在瑞士组建了一家新的手表制造公司（蒂芙尼手表公司）。斯沃琪集团全资拥有蒂芙尼手表公司，蒂芙尼手表公司获授权使用蒂芙尼商标，以蒂芙尼的品牌进行运营。蒂芙尼集团拥有蒂芙尼手表公司董事会的5个席位之一，并参与蒂芙尼手表公司税前利润的分配，同时派驻人员对产品设计和营销部门进行管理。蒂芙尼手表公司充分利用斯沃琪集团在技术方面的专业知识和制造能力，生产出一系列蒂芙尼手表，所有的产品均在瑞士制造。蒂芙尼手表有许多经典的设计，并且作出了很多创新。但好景不长，双方的合作进入第 4 年时出现裂痕。2011 年，由于蒂芙尼违反合同，斯沃琪集团中止与蒂芙尼集团的合作，这一冲突系统性地延缓和阻碍了蒂芙尼手表业务的发展。随后，斯沃琪集团向蒂芙尼发起诉讼，并索赔 38 亿瑞士法郎（约 42 亿美元）。不甘示弱的蒂芙尼也在 2012 年对斯沃琪集团提起反诉，指责斯沃琪集团没有为蒂芙尼集团提供适合的销售点，谴责斯沃琪不尊重蒂芙尼的品牌和设计，并向斯沃琪集团索取 5.419 亿瑞士法郎的赔偿。斯沃琪集团又以 7.5 亿美元加最高 2.5 亿美元净债务的大手笔拿下了顶级珠宝品牌海瑞温斯顿（Harry Winston）及其旗下珠宝和腕表在内的品牌生意，形成蒂芙尼的强劲对手。与斯沃琪的决裂直接导致蒂芙尼集团 2013 年利润锐减 56%，只余下 1.8 亿美元的盈利。斯沃琪集团与蒂芙尼的合作决裂之后，另寻他路来发展其集团的高端业务线。

样本期间内蒂芙尼集团的投资活动现金流出量较为巨大，但公司经营活动现金流入量越来越强大，从而能满足公司规模扩张所需要的现金。上述与斯沃琪集团的纷争让公司的现金流量状况恶化。

## （二）资金依赖债务

表 2 偿债能力指标

| | 2010/11 | 2011/12 | 2012/13 | 2013/14 | 2014/15 |
|---|---|---|---|---|---|
| 流动比率 | 5.6 | 4.6 | 5.4 | 4.6 | 5.5 |
| 存货占流动资产比 | 61% | 72% | 71% | 72% | 65% |
| 流动资产占全部资产比 | 72% | 69% | 68% | 68% | 70% |
| 速动比率 | 2.2 | 1.3 | 1.6 | 1.3 | 1.9 |
| 资产负债率 | 42% | 44% | 44% | 43% | 45% |

由于蒂芙尼集团的负债主要由长期负债构成，流动负债只占全部负债总额的30%，而包括存货在内的流动资产则占全部资产的70%，所以形成公司较高的流动比率，样本期间的4年内，其流动比率为5~6倍。扣除占流动资产近70%的存货之后，大多数年份速动比率则有高达两倍的水平。可见，蒂芙尼的短期偿债能力完全没有问题。同时公司的资产负债率保持不变，5年中维持在45%的水平变化不大，公司的流动负债和股东权益变化不大，资产规模的扩张主要来源于长期负债。2009年，巴菲特就曾斥资2.5亿美元用以投资蒂芙尼集团发行的10年期和8年期的长期债券。由于自由现金流量有限，2013年公司对斯沃琪的赔款也只能依赖债务融资。长期高企的长期负债率一方面引起来奢侈品界扩张者们的窥视，如路威酩轩称收购蒂芙尼是“一个可以考虑的有趣的收购”；另一方面还使得高盛等投行下调蒂芙尼的债务评级。

## （三）周转来自营销

**表3　　营运能力指标**

| | 2010/11 | 2011/12 | 2012/13 | 2013/14 | 2014/15 |
|---|---|---|---|---|---|
| 存货周转率 | 8.5 | 10.2 | 10.0 | 9.4 | 8.8 |
| 应付账款周转率 | 13.8 | 14.0 | 13.4 | 14.5 | 14.5 |
| 应收账款周转率 | 16.6 | 19.8 | 21.8 | 21.4 | 21.8 |
| 流动资产周转率 | 1.1 | 1.3 | 1.2 | 1.2 | 1.2 |
| 固定资产周转率 | 1.9 | 2.1 | 2.0 | 1.9 | 1.9 |
| 总资产周转率 | 0.8 | 0.9 | 0.8 | 0.8 | 0.8 |

为了与低端珠宝零售商相区别，蒂芙尼集团用没有奢侈品作派的奢侈珠宝品牌、便捷的店面位置、完美的客户体验、多样的选择和独特的设计

来吸引顾客。每年，蒂芙尼集团都请 Elsa Peretti、Paloma Picasso、Frank Gehry 和 Jean Schlumberger 等公司旗下著名的珠宝设计师设计新产品。蒂芙尼集团拥有极高的销售效率（每平方英尺销售额行业内排名第一，排名全球第二，仅次于苹果）。蒂芙尼集团总是能拿下高端商业区的地产开设店面，如纽约的第五大道、东京的银座、香港的中环和尖沙咀、北京的东方广场和王府饭店等，彰显了品牌强大的号召力。正因如此，蒂芙尼也有着比同行更具明显优势的周转率。样本期间的 5 年内其存货周转率高达每年 10 次。快速的周转除了得益于蒂芙尼与奢侈品巨头一起卷起的涨价风外，还有其精心组织的营销活动。在保持低调的同时，蒂芙尼还希望能让人理解到消费的奢侈含意，所以能使“彰显”与“低调”有效平衡，即达到“低调的奢华”境界。事实上，对于奢侈品来说，品牌历史、品牌精神比产品本身更为重要。奢侈品营销正是有效选择一个传播渠道，用正确的方式把品牌精神传递到目标群体当中去。为了保持其高贵的姿态，蒂芙尼始终维持一种“拉”的姿势，即限量生产以保持其高贵的姿态来吸引消费者，如植入经典电影奥黛丽·赫本演绎的《蒂芙尼早餐》、莱昂纳多的《了不起的盖茨比》等，通过镜头把坚守质量与优雅品味的传统传达给世人。此外，蒂芙尼从未缺席过每届的奥斯卡颁礼。与此同时，蒂芙尼还采用平易近人的销售方式拉近与消费者的距离，如向注册用户邮箱里发送“选购 300 美元以下节日礼物”邮件。蒂芙尼通过其卓越的营销手段，在订婚钻戒和婚庆珠宝的销售市场上超过了顶奢侈品、历峰集团旗下的卡地亚。蒂芙尼还通过网络媒体将品牌理念进行延伸，不断探索如何在人与人之间实现有效的、独具特色的互动，例如在苹果产品的操作平台推出相应的应用软件。基于移动互联网平台，蒂芙尼的“情感”营销围绕“爱情”、“浪漫”的元素进行有效整合。现在，人们只要看到独特的蒂芙尼蓝礼盒及购物袋，都会令人联想到优雅、高贵的特质，以及大自然的丰富宝藏。不仅蒂芙尼品牌意味着身份和地位，就连质量与设计都无与伦比的蒂芙尼蓝色礼盒都足以体现蒂芙尼集团重视品质的传统。由于营收增长的速度与总资产规模扩张的速度几乎同步，蒂芙尼集团的总资产周转率维持在较为稳定的水平，样本期间每年为0.8～0.9次，这样的水平在奢侈品行业中较为可观。

## （四）成本拉低利润

**表4　　　　盈利能力指标**

| | 2010/11 | 2011/12 | 2012/13 | 2013/14 | 2014/15 |
|---|---|---|---|---|---|
| 销售毛利率 | 59% | 59% | 57% | 58% | 60% |
| 销售净利率 | 12% | 12% | 11% | 4% | 11% |
| 资产净利率 | 10% | 11% | 9% | 4% | 9% |
| 权益净利率 | 17% | 19% | 16% | 7% | 17% |

让消费者掏相当于普通产品几十倍的价钱买一个非必需品的奢侈品不是一件容易的事。奢侈品必须让消费者觉得物有所值，这种价值不仅体现在产品本身，也体现在产品所体现的精神上。奢侈品就是要不计成本地提供比物质本身更为丰富的享受。例如原料的产地和选材方面的信息传递能让奢侈品的价值得到最直观的体现，从而使奢侈品昂贵的价格合理化。此外，精致超凡的制作工艺也与高品质直接联系。同时，唯一性和不可复制性也是奢侈品牌独特价值所在。这些在消费者心目中根深蒂固、奉为信条的品质无不拉高奢侈品的成本。虽然按零售业最为关键的“每平方英尺销售额”指标排序，蒂芙尼位居行业内第一，全球第二，仅次于苹果。但由于近年来贵金属和钻石成本的压力，以及转向实施高单价、低毛利产品的

销售政策，样本期间蒂芙尼集团的毛利率略有下降，5年内均为60%左右。其中2012年57%的毛利率是样本期间的最低点。2013年公司主动调整销售成本、综合行政管理费用以及提高部分商品价格，以抵偿部分由于产品转型所带来的毛利率降低，才将毛利率提升了1个百分点至58%。长期来看，蒂芙尼公司的提价能力、生产效率的提高和费用以及库存的高效管理可以部分抵销贵金属和钻石原料价格的波动，也能让公司得以维持其毛利率水平稳定。

奢侈品推广过程中一般都会花费巨额的广告、营销和运营成本，蒂芙尼在杂志、户外广告、社交网络等媒介中投放了大量的广告。这部分期间费用与产品的主营业务成本大致相当。如果不算2013年非常规性支出的赔款额的影响，扣除期间费用后，蒂芙尼的销售净利率为11%～12%。同样，扣除赔款金额的影响，蒂芙尼集团的总资产净利率为10%左右。在财务杠杆的作用下，权益净利率为7%～20%之间。这些指标都与同行业水平大致相当。

## 三、结束语

常言道："三流企业卖产品，二流企业卖技术，一流企业卖标准"。蒂芙尼公司作为世界著名的奢侈品公司，卖的就是行业标准和规则。1985年，蒂芙尼公司成为第一家制定92.5%纯银标准的公司，而蒂芙尼公司也理所应当地成了为这一行业的龙头老大，成为享誉世界的顶级珠宝品牌。蒂芙尼的传奇杰作引领行业潮流，成为璀璨珠宝魅力以及美国时尚格调的完美象征，见证着世间无数至臻至美的爱情故事与华美瞬间。2015年，奢侈品界最热闹的莫过于各大牌的"降价潮"，"打折风"，这些降价打折无非都是由于自身业绩下滑而想以此手段来重新聚集人气，刺激销量，而这也是大部分奢侈品品牌能做的提升业绩方法之一。但同样面临着销售额下滑的蒂芙尼就没有选择调价，坚持自己的个性定位，也彰显了自己的品牌态度。蒂芙尼集团的财务故事可以总结为：规模扩张、债务增加、周转加快和成本上升。然而对于蒂芙尼而言，影响全球奢侈品市场低迷的因素同样困扰着这个世界“钻石之王”，原因如下：

其一，美元的走强不仅会影响海外市场的销售，也会对美国境内海外游客的消费产生影响，导致在美国本土市场业绩下滑。美国市场销售额占据蒂芙尼全球销售总额的49%，蒂芙尼曾通过提高售价来增加边际利润，并加大营销力度，然而这些措施效果甚微。大多数奢侈品消费者更愿意选择折扣连锁店进行消费。而且蒂芙尼的顾客大多是穿着考究的中上层人士，2008年的金融危机导致美国人的消费观念发生改变，尽管经济形势好转，大多数美国人似乎已经习惯节俭的生活方式，这会阻碍蒂芙尼扩大现有的顾客群。美元对欧元、日元等主要货币的强势对蒂芙尼的销售业绩有不利影响。蒂芙尼有51%的销售来自海外，这使得公司的风险敞口很大。按不变汇率计算，2014年欧洲销售额同比增长9%，日本销售额同比下降3%，但是按现行汇率折算后，欧洲销售额仅同比增长1%，日本销售额同比下降的比率达到了惊人的16%。对于蒂芙尼来说，汇率风险还会影响旅游业带来的收入。随着美元的走强，海外游客将越来越不愿意去纽约旗舰店购买蒂芙尼珠宝。

其二，主推产品没有带动作用。蒂芙尼的畅销产品具备强劲的增长势头，但没有给其他产品带来晕轮效应，即没有如预期般拉动其他珠宝饰品的销售增长。

其三，亚洲主体市场日本疲软。对于任何一个奢侈品品牌来说，日本都是最重要的市场之一。但是日本政府提高了消费税税率，宏观经济衰退，国家老龄化严重，日本市场疲软。这些对蒂芙尼的影响尤为严重。蒂芙尼在日本拥有56家店面，几乎占据全球总数的五分之一。

其四，蒂芙尼公司还有一些内部问题，例如，被指控公开歧视黑人，这在企业越来越重视社会责任的今天是很大的道德污点；销售增长缓慢，因为消费者越来越注重实用与功能，而并非是华而不实的外表，不走实用路线的蒂芙尼及同类公司越来越步履维艰；去库存的担子很重，蒂芙尼集团账上20多亿美元的库存直接考验蒂芙尼的发展空间。

蒂芙尼创造出的标志性的“蒂芙尼蓝”是源自一种象征着浪漫与幸福的罗宾鸟蛋的颜色。近两个世纪以来，蒂芙尼驾着它的蓝色马车，给人们带来了无尽浪漫与幸福的惊喜，唯愿它能继续在奢侈品牌史上描绘这道最传奇的颜色。

# 故事九：旅行伴侣新秀丽

## 一、新秀丽的品牌故事

新秀丽（Samsonite）作为全球最大的旅行箱生产商，以其卓越的产品质量、考虑周到的产品实用性和可靠性、与时代同步的设计风格以及完善的售后服务，赢得了世界各地消费者的喜爱和认同。在世界的每一个角落，每一个行色匆匆的商业旅行者或者是悠闲的度假者都能找到适合自己的新秀丽箱包产品，以至于“新秀丽”几乎成了旅行箱包的代名词。

19 世纪，无数带着“淘金梦”的美国人用一只旅行箱装满自己所有的家当，涌向刚刚发现了大量金矿的美国西部。1910 年杰希·施威德（Jesse Shwayder）在美国西部科罗拉多州的丹佛市始创了“施威德汽车后箱制造公司”。一开始，公司主要是生产特别坚固耐用的汽车后箱，可以承受极其颠簸的长途旅行。即便是西部淘金的漫长道路，施威德公司生产的汽车后箱也能牢固不破，帮助那些淘金者顺利地到达他们心中的财富天堂。公司一开始就秉持着这样一个信念：根据消费者切身需要，生产与其他箱包生产商不同的产品。当时有一张公司标志的照片，照片中，杰希·

施威德和他的父亲以及三个兄弟，这5个加起来共有大约1 000磅重的人站在一块木板上，木板底下是由施威德公司生产的旅行箱。这张照片出现在日后的各种公司直邮信件上，成为家喻户晓、不言自明的公司广告。施威德的箱包不仅耐用，而且非常注重从外表上吸引人，这样做使得公司不必非得用低价来进行恶性竞争，因为优质的产品本身就是销售的最佳卖点。

1941年，施威德公司推出一种新的箱包，并以《圣经》中“大力士参孙”（Samson）的名字命名其产品为Samsonite（新秀丽），意为坚固、强力和耐久性。新秀丽箱包设计独特，周边框架由木头做成，整个箱面则是用由高温和硫化物处理过的纤维材料制成，并用石磨的方法掩盖了其粗糙的效果，使得表面看上去就像是真皮一样。这是箱包历史上第一次使消费者们不必花昂贵的价格就能购买到看上去像是真皮的箱子。这一新的设计改变了公司的经营方向，此后公司开始以箱包为主要经营产品。

第二次世界大战后，人们的旅行方式发生了巨变，他们开始乘飞机越洋过海做长距离旅行，新秀丽顺应这一潮流，开发出第一个用镁代替木头为原料的行李箱。这种行李箱可以防止托运过程中被挤压、刮擦、变形而导致箱内物件受损。20世纪60年代中后期，新秀丽的名字已经在世界上传开来了，新秀丽箱包产品开始进入世界各地的商场。公司的名字也正式从原先的施维德公司改为Samsonite（新秀丽）公司。从此公司进入了一个蓬勃发展的新时代。

1993年，新秀丽兼并了美国另一家大型的箱包公司——美国旅游者公司，进一步向年轻一代和假日旅游者们拓展自己的目标市场。美国旅游者公司有一个影响深远的传奇式的广告：一只名叫“伍非”的大猩猩疯狂地将一只美国旅游者箱包向关闭它的铁笼砸去，经过碰撞剧烈后箱包内的东西完好无损。这是美国广告历史上非常著名的一个广告，“伍非”成为了家喻户晓的大猩猩。这一广告不言而喻地展示了美国旅游者公司产品的主要特性，很多年后，消费者看到“伍非”就会想到美国旅游者公司的产品。新秀丽刚兼并美国旅游者公司的时候，一开始继续使用这只大猩猩作为产品吉祥物，但是3年后，为应付经济的不景气和高额负债，公司采取了一个全新的公司策略，包括给公司设计一个全新的形象。曾经的吉祥物大猩猩“伍非”被雪藏，不再出现在公众面前。在其后的两年中，公司股票价格一路狂跌，从50元降到了5元。新秀丽的品牌形象在箱包行业内的竞争对手的大量挤压下开始日渐萎缩。这个曾经世界上最大的箱包生产商，曾经行业内的创新者，曾经拥有美国最著名、最强有力的品牌，一时间落到一个令人扼腕叹息的境地。公司的审计事务所毕马威警告新秀丽：如果他们的重新整顿计划再不能很快地收到成效，公司就将面临着严重的财务问题，他们会提交给公司一份“运行情况堪忧”的审计报告，这对公司来说是雪上加霜，会严重地影响到公司的整个资产运营情形，加重公司银行借贷的困难。而且，新世纪之初，整个箱包市场的发展似乎和消费者对时尚的追求越来越脱节，再加上旅游业重新振兴的前景不乐观，箱包行业内弥漫着悲观气氛和无所适从。在这一困境下，新秀丽集团年轻的新总裁凡内维开始大刀阔斧的改革。他砍掉了公司旗下的许多不赢利的产业，如一些生产和配送中心，整顿了那些运行不良的零售分店，关闭了过去明显没有竞争能力的高档鞋类生产线，并解雇了公司将近25%的员工。凡内维还发现了海外劳动力市场低成本的优势，在中国和印度分别建立了硬壳箱包生产基地，并将公司将近80%的其他箱包的生产环节转包给东欧和远东的生产商。经过这一系列整顿后，公司生产部分的费用得到了有效的控制。凡内维还调整了公司的销售和市场业务，将公司的产品线由原先比较纯粹的旅行箱包向休闲包、背包和电脑包延伸，公司产品的市场占有率开始有所上升。凡内维还调整了市场推广策略，开始进行全球性的扩展，同时设计新的箱包造型来满足消费者不断变化的需求。最重要的是，新秀丽又重新请回了讨人欢喜的大猩猩“伍非”。“大猩猩回娘家”是新秀丽公司新市场策略的一个重要环节。自从伍非重新和观众见面之后，新秀丽的销量就开始节节上升。在新秀丽的箱包广告中，作为一颗重新被发掘的明星，伍非的怒喝和丰富的表情会时时出现在电视屏幕上。新秀丽公司在经历过策略的颠簸之后，更加珍惜曾经拥有的一切资产，再也不会轻易地将它们抛弃。

如今，新秀丽已拥有遍布世界的生产基地和销售网络，业务涉及旅行、公文和休闲等三大领域，产品包括旅行箱、旅行袋、配饰产品、商务公文包、笔记本电脑包、小型皮具、户外用品以及儿童产品等。为实现公司“提升、时尚”的愿景，2006 年 5 月新秀丽将全球总部迁址世界时尚之都——英国伦敦，设立了全球创意中心，并与世界著名品牌 Lacoste、Timberland 强强联合，签订了 Lacoste 皮具、Timberland 箱包及旅行产品的全球独家经销协议，令新秀丽经营的产品品类进一步延伸。现在新秀丽旗下所有品牌都有各自细化的目标消费群体，不同的市场定位代表着不同的品牌价值，不同的价格体系满足了不同的目标消费者的需求，体现了新秀丽一贯的风格、可靠性以及卓越品质。2011 年 6 月，新秀丽正式在香港交易所挂牌交易。

作为箱包行业的引领者和先行者，新秀丽在 100 多年的发展历史上一直致力于为全球的旅行者提供舒适而可靠的高品质创新产品。由于新秀丽 2010 年有一笔高达 3.8 亿美元的商誉减值、无形资产及固定资产减值或减值回拨，以及 2 480 万美元的上市开支，影响了该年的业绩。为扣除这两个因素，本书以公司上市后的 2011 ~ 2014 年 3 份年报数据来解读在消费者眼里坚不可摧的新秀丽旅行箱背后的财务故事。

# 二、新秀丽集团的财务报表分析①

## （一）频并购，谋转型

表1　　财务报表主要数字　　单位：百万欧元

| | 2011 | 2012 | 2013 | 2014 |
|---|---|---|---|---|
| 现金及等价物 | 141 | 151 | 225 | 140 |
| 总资产 | 1 545 | 1 813 | 1 935 | 2 131 |
| 总资产增长率 | | 17% | 7% | 10% |
| 营收 | 1 565 | 1 772 | 2 038 | 2 351 |
| 营收增长率 | | 13% | 15% | 15% |
| 净利润 | 104 | 167 | 197 | 205 |
| 净利润增长率 | | 61% | 18% | 4% |
| 经营活动现金 | 65 | 203 | 193 | 230 |
| 投资活动现金 | －36 | －179 | －54 | (267) |
| 筹资活动现金 | －170 | －17 | －65 | (42) |

本书样本期间，新秀丽集团的总资产规模每年都保持了两位数的高增长率。到2014年底，公司账面总资产金额已经超过20亿美元。作为中端箱包零售商，新秀丽一方面受到高端奢侈品牌大众化、时尚化发展趋势的影响，另一方面也受到全球消费者消费多元化和个性化趋势的推动。双重压力之下，单一强势品牌无法抵挡风险和支撑长期稳定增长，品牌多元化

① 新秀丽公司的财务年度是每年的日历年度。本书研究样本是该公司2011～2014财年的4份年报资料。

和产品多元化的转型是新秀丽选择的一条变革之路：通过品牌多元化冲击高端市场，通过产品多元化提高销售增长点，并购已经成了其发展过程中的DNA。新秀丽在收购品牌的时候，比较注重各个品牌之间的协同效应。在收购完成后，新秀丽会进行1年左右的业务整合，将收购的公司在物流、供应链、采购、信息技术、人事等营运部门整合至公司现有的业务平台中，然后再逐步利用现有的全球销售网络拓展这些收购品牌的国际市场。新秀丽在全球各地展开的高频收购有：2012年7月购买户外休闲箱包品牌高山（High Sierra）；当年8月并购奢侈旅行箱、商务包品牌哈特曼（Hartmann）；2014年4月完成对以功能性及时尚设计著称的法国年轻箱包品牌Lipault的收购；5月收购了美国手机保护壳品牌Speck Products；2014年6月购买高端背包品牌格里高利（Gregory）。此外，新秀丽还预算再花费10亿美元用作并购，以扩展集团产品种类至移动设备保护套、商务/休闲/相机包、户外休闲用品及手提包等，通过多元化降低旗舰品牌“新秀丽”的比重。除了物色收购箱包品牌之外，新秀丽还寻求拓展分销渠道领域的收购机会，并努力拓展直销和电子商务销售平台。现在，这家全球最大的商旅箱包公司在商务旅行产品以及女性箱包领域仍在努力寻找潜在并购对象。通过系列并购之后的新秀丽的产品组合好像一个拥有多名音乐家的乐团，不同的产品定位存在明显差异，丰富了新秀丽品牌在不同领域的产品线，能通过向市场提供一系列的不同价位的产品的方式，满足不同阶层的客户需求。

企业规模可以为企业带来行业领先的竞争优势。新秀丽公司在研发、市场营销、分销扩张和产品采购上享有规模经济。借助其在全球的销售网络以及新收购品牌的快速增长，新秀丽成功实现了销售规模的长期增长。样本期间，新秀丽的营收规模每年都以两位数的速度增长，从2011年的15.6亿美元升到2014年的23.5亿美元，业绩增长也反映了新秀丽持续实行其发展策略的成功。公司的业务在各地区、品牌及产品类别的蓬勃发展，显示其具备提供一流产品迎合个别市场消费者需求的能力。新秀丽的强劲表现亦展示了该公司在过去数年中为了实现策略性多元化发展业务目标而建立的多品牌、多类别及多分销渠道模式的抗逆能力。本书样本期间，新秀丽大幅扩展其产品组合，并借助其全球分销及营销平台将品牌扩展至新市场，为企业的营收增长作出了可观贡献。其中 2013 年公司年销售额首次超过 20 亿美元的水平。亚洲及北美两个市场是公司销售增长的火车头，公司的旗舰品牌“新秀丽”和入门级品牌“美国旅行者”是其增长的主动力。同期新秀丽的净利润波动较大，年净利润在 1 亿美元至 2.05 亿美元之间波动，虽然一直处于增长趋势，但净利润增长率大幅放慢。

样本期间内新秀丽集团的现金及现金等价物现金储备稳定在 1.5 亿 ~ 2.3 亿美元的水平。公司经营活动产生的现金流净额能够满足投资活动和融资活动的现金净支出。稳健现金流和低负债的资本结构，再加上扩张的野心，是新秀丽能实施并购的强有力保障。收购其他品牌后，新秀丽无需太多投入现金，只需共享其渠道营销等多方面的资源便可拓展品牌，实现多品牌的规模效应。

### （二）降负债，优结构

**表 2　　偿债能力指标**

| | 2011 | 2012 | 2013 | 2014 |
|---|---|---|---|---|
| 流动比率 | 1.6 | 1.4 | 1.7 | 1.4 |
| 流动负债占全部负债比 | 64% | 68% | 71% | 70% |
| 存货占流动资产比 | 39% | 39% | 36% | 40% |

续表

| | 2011 | 2012 | 2013 | 2014 |
|---|---|---|---|---|
| 速动比率 | 1.0 | 0.9 | 1.1 | 0.8 |
| 资产负债率 | 41% | 42% | 38% | 40% |

样本期间，新秀丽公司的债务结构变化明显，总债务规模虽然变化较大，但流动负债占全部负债的比例逐年提高，从2010年底的64%提高到2014年12月31日的70%。因为新秀丽的流动资产与流动负债的变化较为同步，所以形成公司较稳定的流动比率，样本期间的4年内，其流动比率均为1.5左右。扣除占流动资产近30%的存货之后，速动比率则为1倍左右。可见，新秀丽的短期偿债能力比较稳健。事实上，新秀丽曾经的一大诟病是负债较重，早在2008年，新秀丽的负债总额高达25亿美元，而当时资产总额只有10亿美元，即资不抵债，故于2009年9月进行债务重组。2011年在香港上市后所筹集的款项中，有85%用于偿还新秀丽当时的负债，而近年的密集收购资金也是以新秀丽内部资源及循环信贷融资支付，以控制负债水平。这样的做法体现在财务数据上是债务总额中长期债务金额和比重的下降，以及资产负债率逐年趋稳，2011~2014年4年都维持在40%左右，资本结构逐渐优化。

### （三）新营销，新物流

**表3　　周转能力指标**

| | 2011 | 2012 | 2013 | 2014 |
|---|---|---|---|---|
| 存货周转率 | 3.0 | 3.0 | 3.2 | 3.3 |
| 应付账款周转率 | 3.3 | 3.1 | 3.4 | 3.5 |

续表

| | 2011 | 2012 | 2013 | 2014 |
|---|---|---|---|---|
| 应收账款周转率 | 9.5 | 8.4 | 8.7 | 8.5 |
| 流动资产周转率 | 2.6 | 2.5 | 2.4 | 2.8 |
| 固定资产周转率 | 12.2 | 13.0 | 13.1 | 13.2 |
| 总资产周转率 | 1.0 | 1.0 | 1.1 | 1.1 |

任何品牌的成功，最重要的是产品质量的成功，因为产品质量是品牌的根基。新秀丽的专注与坚持，更多地体现在对产品质量的苛刻追求上。新秀丽成功的根本是强调产品的力量。在100多年的发展历史上，新秀丽一直都把“为旅行者提供舒适而可靠的高品质创新产品”作为公司发展的至上宗旨。把箱包做成高质量并非易事。比如，拉杆的承载力如何、拉杆可以拉多少次、轮子有没有噪音、面料是否容易褪色等等，这些细节包含着很高的技术含量。新秀丽的每一款产品在上市之前，都要经过翻滚、坠落、轮子、把手、拉链和锁的严格测试。对细节的精益求精，细微处现价值。新秀丽出色的产品品质，正是源于其对细节的精益求精。新秀丽箱包产品的每一个细节都经得起推敲。箱包产品的设计，是箱包品牌核心竞争力之一。以前人们更多的是把箱包看做是一个功能性的产品，现在的消费者更加注重个性化的体验，他们会把箱包理解为个人风格、生活方式的一种体现。新秀丽之所以这么成功，很重要的一个原因是新秀丽始终走在了开创性设计的最前沿。在产品的设计上，新秀丽充分考虑到了消费者对时尚和品味的追求，把许多感性因素融入到产品设计中，完全满足消费者的多项需求。在新产品的研发过程中，新秀丽不断和全球的顶级设计师合作，注重在色彩和外形上大做文章，以赢取更多消费者的青睐。例如与Phillpstar、Marcnewson、Alexander McQueen、前田伸央等国际知名设计师

跨界合作。据了解，新秀丽每年会通过与知名设计师合作的一些标志性产品来凸显其在业界的领导地位。此外，箱包作为一种以功能性和实用性为基础的产品，其实用性和可靠性是箱包企业应该永恒追求的东西，不能为了设计而设计，而是要在产品的实用性和可靠性上，进行创造性的设计。和传统的奢侈品牌箱包强调血统、传承、传奇等不同，新秀丽比较注重产品的实实在在的功能，大胆启用新技术、新材料，甚至对一些知名的设计理念很感兴趣。新秀丽意在相对低调的奢侈，更加注重消费者的自我感受。注重箱包产品的实用性和可靠性对消费者需求的准确把握。比如箱包使用者的每一次商务旅行，收拾行李的过程都是最令人头疼的：出席商务场合的行头，需要及时处理的文件、笔记本、相机等等，一堆的东西如何归整到一个箱子里？新秀丽的设计师们根据商务人士的这些需求，准确地设计出功能强大的"人性化"商务旅行箱，一个新秀丽的商务旅行箱就像是一个移动办公室：宽敞的文件隔层、可拆卸的盥洗包、带折叠衣架的西装袋、为笔记本减震的电脑套以及独立的皮鞋隔层等。

新秀丽品牌总是与高品质的行李箱联系在一起。在营销方面，针对著名的奢侈品牌推出高价位的旅行箱产品，以品牌附加值吸引消费者，并按新秀丽进行营销策略，将"奢侈品"的定位弱化。新秀丽对旗下不同的品牌会通过不同的渠道来满足不同消费者的需求，从高端的商务旅行、休闲旅行、都市生活工作到户外都有涉猎，甚至还有包括苹果手机、苹果平板电脑的外壳产品。作为一家主要消费群体是商务游客的箱包品牌，新秀丽通过增设子品牌或收购，成功进入了更多细分市场。现在，新秀丽拥有针对高端商旅游客的新秀丽黑标，有定位为轻奢品的高山，还有专门针对职业生涯刚刚开始的一些都市年轻消费群体的新秀丽红标。另外，新秀丽也在消费者市场的不断变化中寻找新趋势。从区域市场来看，新秀丽还会针对不同市场的特点来作调整，比如美国市场对功能的要求更高，对外观可以让步；而中国消费者不仅对外观要求高，对箱包内部的一些零部件的要求更高。针对电商渠道对传统渠道越来越大的冲击，新秀丽回应的策略是不同的渠道销售不同的商品，从而避免了自家品牌左右互搏。能够在如此碎片化的市场驾驭多元化的品牌，也不是一般企业能成功做到的。

此外，新秀丽创新的物流方案也是众人瞩目的对象。在新秀丽的物流管理中，根据所有产品的使用寿命和市场需求状态，将全部产品分为短期存储和长期存储产品，再依据季节变化和宣传活动的不同，对每种产品在长期存储和短期存储之间进行灵活转换，以便及时释放用于储存周转较快的产品的空间。在这样的产品设计理念和创新物流管理系统支持下，样本期间的 4 年内新秀丽的存货周转率都为每年 3 次左右。新秀丽作为全球箱包行业中最具说服力的品牌之一，其总资产周转率也一直维持较为稳定的水平，样本期间每年为 1 次左右，在同行业中属于较快的水平。

## （四）高利润，高回报

**表 4　　盈利能力指标**

| | 2011 | 2012 | 2013 | 2014 |
|---|---|---|---|---|
| 销售毛利率 | 55% | 54% | 53% | 53% |
| 营销费用占收入比重 | 34% | 33% | 33% | 33% |
| 销售净利率 | 7% | 9% | 10% | 9% |
| 总资产净利率 | 7% | 9% | 10% | 10% |
| 权益净利率 | 11% | 16% | 17% | 16% |

由于产品结构改变，且批发业务增长大于零售增长，加之汇率变动的影响，样本期间新秀丽集团的毛利率微跌，4 年内从 55% 跌至 53% 。由于行李箱大多是实用物件，不需要随时尚更新换代，所以研究开发支出金额

较小。但为了执行其国际多元化及本地化营销战略，新秀丽集团的营销支出十分巨大。在全球的箱包品牌中，新秀丽通过成功的营销将自己打造成一个出类拔萃的品牌，建立了其在全球范围内的知名度和影响力。能够成功塑造这样的一个箱包品牌，新秀丽除了在质量上追求完美、在细节的处理上无可挑剔、在设计上始终走在时代的最前沿、提供优质的售后服务之外，品牌的推广宣传也很重要。新秀丽在品牌推广的过程中，明星代言拍摄极富创意和视觉冲击力的影视广告、举办新品发布会等等创意营销手段把新秀丽的品牌韵味演绎得恰到好处。从公司初创时期 5 个加起来共有大约1 000磅重的人站在旅行箱上的广告形象，到后来经典的代言人大猩猩“伍非”，以及汽车以 40 千米/时的速度直接撞击新秀丽产品变形后奇迹般地恢复了原始形状的镜头等，都是新秀丽营销的经典之作。近年来最有名的莫过于“都教授”金秀贤对旗下极具流行风格的商务休闲包品牌新秀丽红标系列的代言。此外，公司还在售后服务上实行“全球 10 年联保”质量跟踪营销策略，使全世界的消费者在任何国家都能及时获得质量索赔。新秀丽产品的保修期是 10 年，这一年限明显优于其他同类品牌的售后服务策略，加上其本身稳定可靠的质量，赢得了很多忠实的消费者。维持这样的营销和售后服务的成本较大，样本期间内，其销售及分销费用占全部营收的比重均高达 30% 以上。扣除了期间费用后新秀丽的销售净利率低于 10%。

虽然总资产规模随着公司的扩张而逐渐增大，但新秀丽公司的总资产净利率仍然一直在上升，从 7% 涨到 10%，这主要是源于公司的净利润水平的增加。样本期间公司的权益净利率也一路上升，从 11% 上升到 17%。支撑企业权益净利率水平上升的，仍然是新秀丽的业绩提升，而不是财务杠杆的影响，因为样本期间公司的资产负债率一路下滑。

## 三、结束语

新秀丽之所以能够取得今天的辉煌，最重要的是公司百年如一日的坚持：坚持专注于箱包领域，根据不同消费者的不同需求，开发不同档次的箱包产品。各种各样的消费群体都能在新秀丽箱包产品系列中找到适合自己的产品，从而实现了对不同消费群体的更多覆盖。除此之外，新秀丽还对产品质量和品质进行苛刻追求。在成立之初，新秀丽就把坚固耐用、性能稳定可靠的要求深深植入到产品质量的血液里。对完美无暇的产品品质的追求、对细节的考究处理、对人性化实用性的产品构造的考量，以及始终走在时代最前沿的创新设计，造就了新秀丽的优质品牌形象。此外，新秀丽在品牌推广传播上也费尽心思。针对消费者关心箱包的坚固耐用、性能稳定可靠的特点，新秀丽在广告诉求中始终强调其产品的这一显著特点。通过明星代言以及新品发布会等是其常用的推广手段。新秀丽早在一百年前就开始宣扬“Life is a journey”。新秀丽把“为旅行者提供舒适而可靠的高品质创新产品”作为公司发展的至上宗旨，始终保持对旅行者不断变化需求的敏锐洞察力及适应能力，成功地从单纯的“旅行箱公司”升华至“充满理想的旅游解决方案”的生活方式的箱包品牌。其财务故事可以总结为：并购扩张以实现多元化、减少债务以实现资本结构优化、执行高品质和创新营销以加快产品周转以及高利润带来高回报。然而对于新秀丽而言，其发展路上也有负面困扰：

其一，重渠道轻品质，“致癌门”事件的负面影响。近年来国际高端品牌忙于铺渠道打知名度，忽视了产品品质，导致质量问题频繁爆出。2012 年新秀丽因为多款旅行箱把手被检测出可能有致癌物质多环芳香烃（PAHs）而召回更换把手。“致癌门”的箱包属于新秀丽的外包业务，新秀丽将手柄的制造外包给了一家中国制造商。新秀丽作为一个世界高端品牌，花了太多的精力在铺渠道打知名度，却忽视了对品质的高要求。

其二，大股东清仓套现。2013 年 3 月，在香港上市不到两年的新秀丽遭到其私募基金股东 CVC 和苏格兰皇家银行套现 40 多亿港币；2013 年 7 月大股东宾夕法尼亚联合资产管理公司（Federated Equity Management Company of Pennsylvania）减持套现 800 多万港币；2014 年 7 月基金公司威灵顿减持 1 400 多万港币；2014 年 5 月新秀丽再次被资本集团减持 1 亿港币。频频被大股东减持，也影响了新秀丽在资本市场上的表现。

其三，新秀丽在中国的品牌策略主要是走高端路线，即便是通过电商平台，要想买到正品新秀丽拉杆箱，也需要不菲的价格。目前，在因公消费受政策限制已经明显影响到其中国业务的增长后，新秀丽的销售策略显得缺少变化。

因为执着，所以专业；因为专注，所以专业。曾经百年如一日的坚持和对产品质量品质的苛刻追求，成就了新秀丽的辉煌。优秀而卓越的产品质量、与时代同步的设计风格、考虑周到的实用性以及可靠性、完善的售后服务，使新秀丽赢得了世界各地消费者的喜爱和认同。愿新秀丽能秉承品牌宗旨，继续带领全球的追随者尽享人生旅程。

# 故事十：轻奢传奇寇驰

## 一、寇驰的品牌故事

在 2013 福布斯全球品牌百强榜奢侈品行业排名中，寇驰（Coach）公司以 105 亿美元的价值排名第 4。在 2013 年由华通明略（Millward Brown）市调公司公布的全球奢侈品牌排行榜上，寇驰品牌也第一次进入了奢侈品前 10 大品牌榜单，并被著名时尚杂志《Lucky》特别评为“最可炫耀的名贵品牌”。

1941 年，六位来自皮革世家的皮匠师傅在美国曼克顿市的一个阁楼里共同成立了寇驰公司，主要生产皮革制品。寇驰皮包最初的设计灵感来自于垒球手套越用越光滑柔软的特性。寇驰借鉴垒球手套的技术，并经过细致处理，使皮件呈现着迷人的天然纹路，而且不需要繁复的保养技巧也能保持最初的样貌。为了达到这样的目标，寇驰此后推出的所有产品，制造材料均是以品牌一贯的标准进行严格挑选，以保证其完美的品质。每一件寇驰产品都完美体现了设计与功能的融合，精湛的手工、华美的外型和尽显卓越的功能，缔造着舒适非凡的感受。

寇驰品牌产品的设计风格一直中规中矩，虽然质量上佳，但随着古驰、普拉达等新潮时尚的欧洲皮件在美国迅速占领市场，寇驰的一些老客户开始离去，这使寇驰面临巨大的竞争压力。1996 年，为赢回传统的女性消费者，寇驰开始进行大规模策略调整，将部分广告宣传的定位于更年轻的消费者。一方面，寇驰调整了公司管理层，将部分制造厂转移到亚洲、中美洲和欧洲；另一方面，寇驰扩充了产品线，新产品包括手表、鞋类、珠宝、帽子、丝巾和手套等。2001 年，寇驰推出系列产品，包括手袋、帽子和饰物等。这些产品都有一个连锁的“C”型图案装饰。“C”型图案是寇驰品牌宣扬“美国传奇”的营销战略的一部分。2002 年，寇驰又推出男士系列产品，其中包括鞋、围巾、包、行李箱、公文箱、皮带等众多类别。寇驰一直强调皮件的实用性，即使它的每一个钥匙环或零钱包，也都具有最大的实用性。此外，寇驰一直坚持手工制造和使用优质原料，并在销售产品时，寇驰极为体贴地在皮包中附上清洁保养用的刷子，或寇驰皮包专用皮革清理剂，以帮助消费者保持皮件的色泽和柔软耐用的特性。

寇驰是一个成功打破奢侈品行业陈规的特例，书写了近年来最值得关注的品牌升级的传奇。在西方经济史上，有一个几乎固定的角色分配：伟大的开创性的产品首先在欧洲诞生，然后由美国人将其带入工业时代。但寇驰从产品设计、制造到品牌模式都充满了美国味道，已成为了美国时尚的象征之一。以往寇驰的设计偏低调简单，并融入现代都市的时尚风格。现在，寇驰不断从古典式的美国传统中获取灵感，并融合现代美式风格，演绎着传统与流行的完美平衡。寇驰品牌已经成为与路易威登、古驰、芬迪、普拉达等齐名的世界级奢侈品品牌。

寇驰公司的发展理念是向客户提供“可以负担的奢侈品”，并以大牌的质量和亲民的价格挑战欧洲老牌奢侈品的重要地位和市场份额。寇驰公司在努力稳定美国市场领导地位的同时，还积极拓展海外业务，已在美国以外的20多个国家开设门店，逐步实现全球的发展战略。其中，随着中国奢侈品消费的逐年增长，寇驰公司也越来越关注中国市场。

从一个美国本土市场中暮气沉沉、毫无特色的中间品牌，华丽地变身为全球一线奢侈品牌，寇驰的经历是每一个希望实现品牌升级的公司都不该错过的故事。

## 二、寇驰公司的财务报表分析[①]

### （一）强大的企业规模

表1　　财务报表主要数字　　单位：百万美元

| | 2009/10 | 2010/11 | 2011/12 | 2012/13 | 2013/14 |
|---|---|---|---|---|---|
| 现金及等价物 | 596 | 700 | 917 | 1 063 | 592 |
| 总资产增长率 | | 7% | 18% | 14% | 4% |
| 资产总额 | 2 467 | 2 635 | 3 104 | 3 532 | 3 663 |
| 营收 | 3 608 | 4 159 | 4 763 | 5 075 | 4 806 |
| 营收增长率 | | 15% | 15% | 7% | -5% |
| 净利润 | 735 | 881 | 1 039 | 1 034 | 781 |
| 运营活动现金 | 991 | 1 033 | 1 222 | 1 414 | 985 |
| 投资活动现金 | -182 | -60 | -259 | -571 | -708 |
| 融资活动现金 | -1 020 | -875 | -742 | -689 | -748 |

① 寇驰公司的财务年度从每年7月1日至次年6月30日。本书研究样本是该公司2009/10～2013/14财年的4份年报资料。

寇驰是一个伟大的品牌，因为它拥有伟大的资产负债表。从资产负债表上看，寇驰的企业规模极为庞大。截至2014年6月30日，寇驰公司账面资产高达36.6亿美元，而70余年历史的寇驰品牌价值也已经超过百亿美元。这样的资产规模和品牌价值成了该公司反收购的坚强保护伞。近年来，奢侈品市场上跨国并购热潮不断，例如世界著名的路威酩轩（法国酩悦·轩尼诗－路易·威登集团）已经将全世界50多个奢侈品牌收入囊中。寇驰公司如此庞大的资产规模，让任何潜在的收购交易变得不太可能，因为世界上极少有买家能执行这样大规模的交易。

从利润表上看，样本期间寇驰公司每年营业收入为40亿～50亿美元，其中，2013/14财年出现了营收负增长率，净利润分别为每年8亿～10亿美元。需要指出的是，2008年开始的全球金融危机对世界经济造成严重的影响，也在人们心里投下阴影。这种心理上的波动尤其会对消费价格弹性极高的奢侈品行业造成冲击。全球性经济危机导致世界奢侈品市场衰退。在这样的历史背景下，寇驰公司虽然营收增长速度放缓，但仍然呈增长态势，这一点尤其难能可贵。其中，寇驰公司在中国市场的业绩一路高歌猛进，2010财年完成销售额1亿美元，2011财年增至1.8亿美元，2012财年达到3亿美元，2013年在中国市场的增长仍然是一枝独秀。

从现金流量表上看，寇驰公司的现金及等价物也与营收盈利同步变化。其中，4年的经营活动产生的现金流入量为每年10亿美元左右。公司负债水平极低、现金流充裕，且既不增发股份，也没有融资计划，最近几年来，该公司投资活动和筹资活动都产生了较高的现金净流出量，但是，经营活动产生的充足的现金流入量不仅满足了企业的投资活动，还优化了公司的资本结构，维持了企业的可持续增长。

## （二）保守的财务安排

表 2　　偿债能力指标　　单位：百万美元

| | 2009/10 | 2010/11 | 2011/12 | 2012/13 | 2013/14 |
|---|---|---|---|---|---|
| 流动比率 | 2.46 | 2.45 | 2.51 | 2.87 | 2.28 |
| 库存占流动资产比 | 28% | 29% | 28% | 25% | 28% |
| 速动比率 | 1.78 | 1.74 | 1.81 | 2.14 | 1.63 |
| 资产负债率 | 39% | 39% | 36% | 32% | 34% |
| 债务总额 | 962 | 1 023 | 1 111 | 1 123 | 1 243 |
| 长期债务总额 | 24 | 23 | 1 | 0.5 | 0 |

样本期间蔻驰公司的流动比率约为2.5倍左右的水平，由于存货在流动资产中所占的比重较大，扣除存货后的速动比率只略低于2倍，这一水平在奢侈品行业属于极为保守的安排。同样，同期蔻驰公司的资产负债率也保持在30%～40%的较低水平。截至2014年6月30日，蔻驰公司仅有12亿美元的账面总债务，其中长期债务从2010年6月30日的24百万美元降至2014年6月30日的零，因此在公司利润表上没有利息费用支出。财务稳定保守、基本没有负债、现金储备庞大，这都为蔻驰提供了十足的抵御寒冬和反收购的底气。这种极为保守的财务安排能帮助蔻驰比同业者更快地规避风险，同时能够支持企业更疯狂地扩张。这也正应了这样的一个企业发展的规律：企业要长久发展必须有保守的财务制度。

## （三）快速的资产周转

表 3　营运能力指标

| | 2009/10 | 2010/11 | 2011/12 | 2012/13 | 2013/14 |
|---|---|---|---|---|---|
| 存货周转率 | 2. 68 | 2. 69 | 2. 57 | 2. 62 | 2. 71 |
| 应付账款周转率 | 9. 23 | 9. 57 | 8. 35 | 7. 70 | 9. 27 |
| 应收账款周转率 | 33. 08 | 29. 10 | 27. 30 | 28. 92 | 24. 20 |
| 流动资产周转率 | 2. 77 | 2. 86 | 2. 64 | 2. 45 | 2. 59 |
| 固定资产周转率 | 3. 49 | 3. 57 | 3. 58 | 3. 46 | 3. 24 |
| 总资产周转率 | 1. 46 | 1. 58 | 1. 53 | 1. 44 | 1. 31 |

价格高销量低，从而导致“消费群过窄”，是寇驰最为反感的欧洲奢侈品经营之道。欧洲奢侈品品牌只锁定处于顶端的 3% 的家庭，寇驰则锁定 20% 的家庭。寇驰与欧洲一些奢侈品有着相同的原料供应渠道，有着对一流品质的坚守、有着精湛的工艺和周到的服务，但价格仅相当于欧洲大牌奢侈品的 40% ~60% 之间。虽然价格是轻奢品的定位，但寇驰的每一件产品都完美体现了顶奢品的美学设计与实用功能的融合。每一细节都展现了工匠精湛的手工，华美的外型配合精致的配件、口袋及包带，尽显卓越的功能，缔造舒适非凡的感受。传统的人工修饰技术令寇驰的每款手袋都能彰显其独特的个性、风貌及特性。经典的扭锁、饰扣、包带、金属扣等细节令世界各地的消费者从每款手袋、公文包及旅游产品系列中品味出属于寇驰的独特的品牌特色。寇驰还以品牌一贯的标准对产品所用的皮革用料进行严格挑选，确保产品完美的品质。寇驰手袋的缝合处一直坚持其传统的双针法以增加其耐用度。寇驰公司除了沿用反映品牌传统的原创的深棕色皮革，还选用了更多种类的皮革、布料和物料，呈现出更为丰富多彩

的产品系列。精美的做工、亲和的价位和精准的定位让寇驰成功吸引更广泛的客户，成功抓紧了崛起的中层阶级。平价精品的营销策略，再配合多渠道分销策略（如根据实地情况选择新建零售店、旗舰店，或在百货商场、大型 Shopping Mall 中开“店中店”），以及近年开始的网络销售通道，都大大加快了寇驰的存货周转率。样本期间寇驰公司的存货周转率为 2.5 次/年以上。寇驰通过每年花费巨资在全球进行消费者的市场调查，用精准的市场数字来管理品牌，可以提前一年规划好下一年所需要设计的款式与每个消费市场需求的数量，甚至可以仔细地推测每个国家的不同年纪女性一年内会买包包的数量和单价。数字管理让它可以精准定价与加速周转。样本期间寇驰公司应付账款周转率低于 10 次/年，而应收账款周转率则为 25～30 次/年，两个数字的对比说明公司在与上下游企业群的关系中占有相对强势的议价权，材料采购付款期明显长于产品销售收款期，销售回款良好。同期公司的流动资产周转率高于 2.5 次/年，固定资产周转率高达 3.5 左右，连总资产周转率也能稳定在 1.5 的高水平，这些傲人的业绩都源于寇驰采用多渠道的分销策略所带来的巨量营收。

### （四）丰厚的利润回报

**表 4　　盈利能力指标**

| | 2009/10 | 2010/11 | 2011/12 | 2012/13 | 2013/14 |
|---|---|---|---|---|---|
| 销售毛利率 | 73% | 73% | 73% | 73% | 70% |
| 销售净利率 | 9% | 31% | 32% | 30% | 23% |
| 总资产净利率 | 30% | 33% | 33% | 29% | 21% |
| 权益净利率 | 31% | 55% | 52% | 43% | 32% |

从2000年开始，寇驰陆续将其生产工厂转移到劳动力成本相对较低的亚洲国家，以节省大量人力成本。此外，公司内部还制定了一套严格的数据管理体系对每一件产品进行定价。严谨的成本控制和科学的定价策略为寇驰带来极高的毛利率。从2003年开始，寇驰的毛利率就突破70%，位居全球奢侈品市场的首位。样本期间公司毛利率均为70%以上，远高于奢侈品行业60%的平均毛利率。高利润率也是寇驰成功抵制被其他奢侈品集团收购的利器之一。从回报率看，寇驰是一个运营良好的公司，虽然短期内可能估值打折扣，但随着时间的推移，市场会肯定它未来增长的机会。为了进一步提升毛利率，寇驰改变了生产逻辑，将九成以上的工厂陆续移到劳工廉价的国家如中国、印尼与土耳其等。寇驰还舍弃过去引以为傲的手工传统，使用半机械化生产。

同时，寇驰还以大手笔的预算来塑造高级形象，平均每年把毛利增加的37%投入“销售、广告行销与设计”。换言之，寇驰每多赚100元的毛利，就会拿出37元用来进行品牌营销，尤其着力于亚洲市场。而且，虽然营收只有路威酩轩的十分之一，价格只有路易威登的三分之一，寇驰却敢花同样昂贵的租金在路易威登旁开旗舰店，在消费者心中塑造与路易威登同级的印象。为了配合新品上市，寇驰每个月向全球店面邮寄摆设的重点与摆设位置图，全球同步换新店内陈设如沙发位置、植栽等，而且店面风格由全球总部统一规划，甚至音乐也都要求全球统一。就这样，这个代表美国精神的奢侈品品牌做着低姿态的奢侈品生意，“触手可及的奢侈（Accessible Luxury）”的市场定位，高举“新奢侈品主义”旗帜，在亲民路线上为企业和股东赚得盆满钵满。扣除期间费用后寇驰公司的销售净利率为20%，也远远高于同行业水平。同期，公司的总资产净利率为30%左右，权益净利率分别为43%～55%，而这些盈利指标在2014财年都出现了不同程度的逆转，业绩下降。这与全球奢侈品行业低迷有关。2014

年全球奢侈品市场增速仅为2%，为2009年以来的最差。其中，奢侈品重头戏的中国市场在2014年遭遇寒冬，首次出现负增长。寇驰这个一直保持高速运转的赚钱机器终于开始出现了故障。加上在北美遭遇变化多端的激烈竞争局势和销售增长率的两位数下跌，寇驰陷入了发展的困境。为此，寇驰投入精力让品牌价值复位，包括关闭一些业绩不佳的门店（包括关闭北美的70多家门店）、减少促销、优化多渠道的销售策略。

## 三、结束语

综上所述，寇驰公司的财务故事总结为庞大的企业规模、保守的财务杠杆、快速的资产周转及高于同行业的获利能力。但寇驰公司的未来发展有以下几个需要考量的因素：

其一，过份依赖中国市场。寇驰在中国市场销售强劲增长，而核心市场欧美表现不佳，加上汇率变动的冲击也抵销了其国际销售额的增长。全球奢侈品市场虽然继续高速发展，但是针对奢侈品牌和奢侈品行业来说，如果增长主要来源于新兴消费势力的增长，则会存在巨大危机和隐患。近年来很多一线奢侈品牌已经被中国消费者抛弃。

其二，假货逼退高资产消费者。调研发现，很多奢侈品牌已经被一些超高资产的奢侈品核心消费者抛弃，而且这种情况在未来将进一步加剧。奢侈品核心消费者的逃离将进一步影响边缘消费者和潜在消费者的消费热情，奢侈品牌将迎来大规模衰退，而假货是压倒奢侈品牌进一步衰退的最后一根稻草。大量假货已经让奢侈品完全大众化，不再拥有神秘感，对消费者的吸引力大大降低。

其三，奢侈品溢价空间进一步降低。奢侈品牌的大众化和时尚化趋势进一步加强，以及消费者的逐步成长，奢侈品溢价空间进一步降低，忌谈性价比的奢侈品也将迎来“新性价比”时代，“重视性价比”将成为很多奢侈品牌的市场策略之一，并将出现在更多奢侈品牌的财报上。

当然，寇驰也在积极调整战略，以顺应时代的步伐和市场的走向。2011年，寇驰选择在香港联合交易所上市，成为第一家在香港上市的美国注册公司。选择香港上市，不为融资，只为营销，以提高其在中国市场上的品牌知名度。此外，2012年年底，寇驰中国还推出了自己的官方网店，自建电商平台。在一份针对全球奢侈品品牌数字化运营的榜单中，寇驰位列榜首，居于古驰、巴宝莉等品牌之前。数字化战略也是寇驰全球四大战略之一。2015年，寇驰在全球实施“品牌转化”战略，将品牌战略新定位在“现代奢华”，旨在为品牌注入新活力，以提升消费者的品牌向往度，进一步增加亲和力和互动性。七十余岁的国际大牌寇驰一方面走电商的流行时髦路线，另一方面又将整个价值链的环节掌控手中。

# 附录：亦虚亦实研究，若痴若狂教学①

古语说，四十不惑。我却认为，四十不坏。在我人生的四十余个年轮里，刚好有一半是在做着“传道、授业、解惑”的好事，所以“不坏”。我在充实紧张的科研和教学工作中收获了春风般的友情和牧歌般的笑傲。四十岁后，我终于深深理解了苏东坡的处世哲学：菊花开放乃重阳，凉天佳月即中秋。四十岁过后的我正在努力拥有：一百岁的境界、八十岁的胸怀、六十岁的智慧、四十岁的意志、二十岁的激情，再加上三五岁的童心。如若这般，何坏之有？

人过四十天过午，我活了一半，工作年限也过半。此时，青春期已过，更年期尚早；艳阳当空，梅花飘香。在这个静好的岁月里，我应《财政监督》杂志社“财会领域半边天”专题之约，放下手头的工作，认真写下这些文字，权当给自己人生课题做一个中期总结报告，算是“瞻前”（对过去的交待）“顾后”（对未来的展望），而这个中期报告的精髓便是：亦虚亦实研究，若痴若狂教学。

## 一、虚的研究

专业史学研究，对各个研究领域来说，都是最“虚”的研究，尤其是在企业财务这个非常“实”的领域。机缘巧合的是，2005 年深秋的一天，

① 此文是笔者 2015 年 3 月发表于《财政监督》（女性专刊）的特约文章。

在英国做博士后期间，我有幸邂逅了财务学研究史上最具影响力的一本巨著——诺贝尔经济学奖得主马克维茨的著作《投资组合选择》（1958）。此后的很长时间里，一本黄黄的旧书，一杯浓浓的咖啡，成了我在拉夫堡大学图书馆的那个安静角落里最可心的慰藉。从此，我喜欢上了从历史的视角来看财务，一门心思地探究财务学发展的历史规律，甚至因此忘记了企业财务管理的目标是为了解决企业投融资等诸多现实问题。在英国完成《西方理财思想史》（中国财政经济出版社，2008 年版）的书稿后，我已经无法回头地爱上了财务专业史学这个“虚头巴脑”的研究方向。但是社会科学类的课题一定要能解决当代中国社会的现实问题，而专业史研究应该也只能由德高望重的老一辈大师来完成，以我的年龄和资历，要想完成宏大的专业史学研究是不被人信服的。然而兴趣是最大的动力。此后几年，我像一个偏执狂，完全不顾及学术前辈和同行关切善意的提醒，坚持不懈地在这个领域中寻找主题，申报各类课题。如今，屡战屡败后的我依旧迷恋于财务史研究，不论是财务事件的时代背景、财务学大师的研究还是历史上著名的财务理论本身，都让我欲罢不能。我研读的史料文献越多，越发现其中的奥妙无穷，甚至经常会隔着时空与历史上的财务大师对话，对他们的研究言论表达自己的欣赏、认可、辩解，当然也有质疑。我孤注一掷地投入自己几乎全部的研究精力，2013 年年底终于完成了《西方财务理论发展史》（中国财政经济出版社，2013 年版）。

在不合大流的、“虚”的研究道路上的人注定是孤独前行的。我很难找到合作者，从文献收集、阅读、整理到文章书稿的撰写甚至每个字的电脑输入等等杂项事务，都需要亲力亲为。我坚持参考第一手文献，曾经逐字逐字阅读了很多财务学经典资料。英文资料的收集和处理也让我在研究过程中收获不少，并将自己的心得总结成论文，发表于国内外的权威学术期刊，所形成的系列论文曾荣获湖北省社会科学优秀成果奖。

十分幸运的是，在我艰难前行的路上，得到了诸多学术前辈的无私帮助和宝贵指点。华中科技大学管理学院的张兆国教授十余年来一直十分关注我的研究，并时常给我提供非常重要的指点。2013 年，我有幸结识了著名的管理思想史专家、武汉大学经济与管理学院的谭力文教授。博学儒雅的谭教授给了我深入的指点和无私的帮助。2014 年，我携拙著《西方财务理论发展史》请教于会计史学泰斗、中南财经政法大学的郭道扬教授。郭教授对我的研究予以了首肯，称该书为“颇具创作特色的著作”，“对管理者如何端正市场经济下的财务管理思想与如何进行管理实践，提供了典型的历史案例与可兹借鉴的历史经验及其可汲取的历史教训”，并亲笔为本书写了书评。前辈的认可和鼓励是我前行的动力，我更坚定了在“虚”的学术道路上坚强地走下去的决心。在已有的研究基础上，我打算再向历史上的财务学界巨匠们致敬，在未来 5 年内完成《西方财务大师掠影》一书，期望能用西方财务学领域的注释来曲线回答“大师是怎样炼成的”这一“钱学森之问”的命题。如若此般，便可构建成这样一个较为完整的西方财务理论的人文体系：时代背景（《西方理财思想史》）→标志人物（《西方财务大师掠影》）→经典理论（《西方财务理论发展史》）。我相信，这样系统性的研究定能为正在逐步与世界财务理论前沿并轨的中国财务理论研究和财务学科建设作出有益的贡献。

## 二、实的研究

财务学是一门实实在在的学科，需要落实到控制财务风险、确保财务运行安全、追求价值创造、保证资产保值增值、实现利益相关者的价值共赢等具体的财务行为中。

财务的“实”，可以大到一个产业。随着经济全球化的迅速发展和体育运动在各国的普及，体育产业成了 21 世纪最具前景的新兴产业之一。

新千年以来，中国体育产业蓬勃兴起，并逐渐发展成为国民经济中一个新的经济增长点。北京申办2008年奥运会的成功，为我国体育的产业化和商业化提供了一个极好的契机。在此历史背景下，2005年我参与了华中科技大学张兆国教授组织的研究团队，对经典的、在世界具有权威地位的、由曾获得过北美体育管理学会所授予的最高荣誉“厄尔·F. 齐格勒奖”的霍华德博士所著的《体育财务》（清华大学出版社，2007年版）一书进行了翻译。这本书为培养2008年北京奥运会管理人才、提升我国体育管理人才和相关机构管理人员的素质、提高我国体育产业整体管理水平起到积极的推动作用。书中先进的体育产业管理理念和实用的体育运动及营销管理技能、方法，为迅速强化中国体育产业管理打下了坚实的基础。需要指出的是，这本书至今为止仍然是关于体育财务方面的唯一的一本中文文献。

财务的“实”，还可以小到一个企业。具体的财务行为和财务安排与企业价值创造的关联性如何？虽然在中外文献中关于这方面的实证研究满天飞，但我认为大数据得出的实证研究“实”得不够，具体成功企业的案例才是我们要学习和研究的对象。很难说是财务成就了品牌，还是品牌价值影响了具体的财务安排。世界知名的投资银行几乎都以企业价值或与价值相关的指标作为评价企业及其股票的主要依据。根据劳动价值理论，企业价值创造需要企业在客户、渠道、投资、筹集等方面采取一系列联合行动，企业能够获得更大的销量和更多的利益，才能使该企业在竞争中取得更强劲、更稳定、更特殊的优势。这些优势体现在企业财务数据上，就会出现不同平常的财务安排。为此，我关注世界知名企业非凡的财务安排，挖掘其非凡的财务故事，并在《会计之友》杂志上发表了案例研究的系列论文《品牌的财务故事》。案例系列研究的初衷是出于非常现实的原因，即希望借他山之石，对样本公司的财务数据进行分析，对样本公司的财务故事进行梳理，从财务角度破解世界名牌成“名”的密码，为中国企业品牌价值的创造提供有用的指导和参考。从开始的孤军作战到后来的团队合作，这个案例研究项目吸引了越来越多志同道合的合伙人。经过国际专家的加盟、国内高校界和实务界同仁的助力、学生们的加入和杂志编辑部老师们的热心帮助后，案例研究团队最后发展成了一个跨国、跨界、跨校、跨年龄的多元化智囊团。从专栏的选题到样本企业的选择，从文章的风格范式到每一个表达的用词用字，无不浸透着团队成员的心血和智慧。该项目是根据世界知名的大公司公布的财务报表数据，从财务的维度提炼世界著名品牌价值中的财务 DNA。当然，这些财务数据本身也凝结了宏观制度、政策法规、行业发展状况和企业本身的非财务因素等多方面的影响。最后我和我的团队完成了从官方公布的品牌价值排行榜上选择的有代表性的 42 家欧美公司的案例研究系列论文，所有的研究数据都来源于各样本公司更新到最新的财务报表数据，涉及的企业类型有互联网企业、餐饮企业、奢侈品公司、汽车制造企业、零售业、日化用品以及化工行业、制药企业等等。其中，美国公司的财务数据主要来源于财经网站，数据的收集较为容易；欧洲公司的财务数据有的是根据各公司官网上公布的年报，有的是委托欧洲的专家和友人收集和提供的财报文件，再由团队成员手工整理而成。在案例的写作过程中，我们不断捕捉世界顶级品牌在价值创造过程中的财务安排的新常态，不断提供新的样本佐证财务安排与企业品牌价值的因果关联性，这些结论均可为为我国企业的品牌价值创造提供重要思路。这便是这个“实”研究系列最大的收获。在这 42 篇案例中，我再挑选出有代表性的 19 篇整理成书，写成《品牌的财务故事》，由中国财政经济出版社出版（2015 年）。

## 三、痴狂的教

每个当教师的人大抵都对讲堂上下的劳累和辛酸有深度体验。但当我用20年的时光认真努力地做好教书这件事后，我越来越痴狂地爱上了这个蜡烛春蚕的职业。痴狂于教书，这样描述绝非矫情。

对我来说，对教书的痴迷来源于在讲堂上体味自由表达的快意，或者与年轻的学生们就学问发生争鸣，一起在学术海洋中徜徉，感受知识给心灵带来的涤荡和愉悦。作为一个大学教师，我想让年轻的孩子们在我的课堂上张弛有度地做学问，书山有路勤为径，我更愿引导学生学海无涯“乐”作舟。课堂并非牢骚的宣泄场所或是腐气沉沉的知识坟墓，教人向善、让课堂灵动起来才是教书人的基本职责。我认为，思想性、人文性，不如自己的个性；专业化、知识化，不如自己的活化；预习法、演示法，不如自己的想法和做法。我愿为年轻的学生们在课堂上获得更多的精神乐趣而努力，让他们的生活尽可能拉开与平庸的距离，这也就达到教育的目的了。更重要的是，我感恩有这样的一个平台，能与年轻人分享自己四十余年的人生感悟。我喜欢结合财务课堂的知识点，给学生们交流一些关于人生的诸多思考，例如引导学生对自己的未来买进看涨期权；计算读大学或读研的内含报酬率和净现值；计算逃课的经济成本和机会成本等等。这样充满正能量的课堂有时连我自己都被感动。

对我来说，对教书的痴迷更因为课堂之外的收获。教书育人，为人师表。我认为，45分钟以内的主要是“教书”，45分钟以外的才是“育人”。我已经记不清在课外给学生做了多少次座谈，请学生喝了多少次咖啡，申请使用了多少次图书馆的讨论室，陪了多少个心理压抑的学生聊天，私下给过多少个贫困学生以资助，带过多少学生深入企业和农村做调查研究……我也十分享受学生对我投入的回报，很多学生加入我的团队，在大学和研究生期间便能在国内外一些有影响力的学术期刊上发表文章，他们的成长是对我最可心的回报。我家里还收藏了好多学生DIY的一些小玩意。其中有一双我珍藏多年的鞋垫，至今不舍得用，上面是一个不识字的学生妈妈按照儿子写的字样一针一针为我手绣出来的“为我操心，感激不尽”八个字。其实我的感动大大超过了她的感激。

## 四、痴狂的学

教书的一个重要前提是学习的能力。你可想象那种把学习的习惯升华到像吃饭睡觉一样成为一种自然境界的美妙吧？著名学人陈村先生在其文章《读书啊读书》中说道：读书就是读书，若读的同时想到升官、发财、中奖、应考，以及什么“颜如玉”的，此书休矣。我相信，最是书香能致远，腹有书香气自华。为此，我把图书馆当成第二办公室，大部分休闲时间都泡在图书馆，并在我的学生中发起了一个“到图书馆抢好书”的活动。如果一个老师不学习或少学习，肚中那些当年为应付考试而积累起来的一点可怜的墨水，就会像财物一样越用越少，这种尸位素餐的教师只能算是照本宣科培养应试机器的谋生者，很难拥有生动有趣的讲堂。我认为，要想在教学中别具一格、独树一帜，就要通过学习提升自己。人云亦云，一文不值；一家之言，无价之宝。我坚信，只有对所教学科知识娴熟把握，才能形成自己独到的见解，做到“使其言皆若出于吾之口，使其意皆若出于吾之心”，达到“扬弃”教材、“超越”教材的境界，才可能在教学中随意挥洒、新颖别致、皆成佳境，才可能围绕教学宗旨进行多彩多姿、千变万化的创新活动；才能创设出让学生有耳目一新的感觉，创设出学生对我的课堂欲罢不能的感觉；才能够灵活自如、出神入化，使师生心心相印，肝胆相照，步入一个相容而微妙的世界。朱熹曾说过：“读书有三到：心到、眼到和口到”。我还要再加一个“耳到”。每天早晚我都会抽出时间，一边运动一边用耳朵学习。我在这个过程中用耳朵“学”完了很多国际知名大学的公开课以及财经类、历史类等经典名著。这么痴狂的学习劲头，感动了很多学生，他们也学习我的方法，并加入了我的队伍。

为了达到“教是为了不教”的境界，我更痴迷于教学方法的借鉴、学习和总结。我曾深入进到过国内外很多课堂，学习过很多国际知名大学的公开课视频，借鉴过国内外优秀的教学方法，取人之长。同时我在“教”的过程中也做一个有心人，随时思考教学的得与失。一堂课成功了，是怎么做的，有什么体会，有什么感受；课堂上遇到了一点麻烦，是怎么解决的；遭到了哪些挫折，当时痛苦的程度怎样，有怎样的感受，等等。世界著名的教育家苏霍姆林斯基就是从写教学日记开始，不断摸索总结，勤奋写作。遇到精彩的东西，我也勤于用文字去保存。我把自己的教学感悟积累起来，选取自己认为最精彩的东西写出来，形成了几篇教研论文，并被国内教育类的权威期刊录用。而那些课堂上与学生们交流时我临场的“火花”，以及学生的精彩闪光点，我都记录下来，形成了我至今几十万字的教学日志。我从学习别人的教学、积累自己的感受、提炼自己的思考开始，用“心”去收集一颗颗美丽“珍珠”，将自己认为有价值的每一颗“珍珠”串起来，我相信一定可以串成一根非常美丽的项链。

财务学是一门实践性很强的学科，离开实务，任何高超的理论、宏伟的蓝图都是一纸空文。为此，我还经常与企业打交道，向实务界同仁学习，学习他们积淀的宝贵财富，品尝他们的睿智，在与他们的对话中顿悟，体验豁然开朗的那种喜悦。

收笔掩卷之际，我瞻前顾后，只期望这条“虚虚实实痴痴狂狂”之路，能陪我走得更远更远。

# 后　记

本书是我的第四本专著。相较于前三本的不同之处在于，这本书是基于已经发表的系列论文扩充而成的。虽然本书的基础是一篇篇已成型见刊的文章，但整理成完整的书并出版仍然是一个令我始料未及的浩大工程。除了我自己的精力投入外，本书能最终面世还凝结了一众良师益友以及家人的帮助，在此一一致谢！

感谢湖北经济学院副院长鲁晓成教授和陈向军教授的大力支持和湖北经济学院会计学院院长胡伟博士的帮助。从专栏论文到专著的出版，领导们持续的关注和关心给了我极大的支持，是我创作和研究中艰难时期能坚持下去的精神动力。

叩谢恩师中南财经政法大学郭道扬教授。郭教授不仅是学术泰斗、优秀的教育家，对学术晚辈的无私提携更是彰显了一代大师的高尚品德和人格魅力，对我而言，无需言传，已经身教了。诚谢恩师武汉大学经济与管理学院谭力文教授。谭教授深厚的学术研究能力令我钦佩，教授的一个信息留言就会激发出我新的学术灵感，一次深谈畅聊就能让我茅塞顿开。感谢华中科技大学管理学院张兆国教授和长江大学郑军副校长，两位教授对我而言，亦师亦友亦兄长，十多年来对我的关心和帮助从未停止过。

感谢《会计之友》杂志社的编辑老师们。总编笑雪老师对我在《会计之友》杂志上开设案例专栏的思路的认可和指点是专栏的成功开设及本书问世的重要支持。从专栏选题、样本企业的选择，到文章的风格范式等，无不浸透着杂志社老师们的智慧。专栏名“品牌的财务故事”的敲定，是经过与笑雪总编、张春云老师、梁艳珍老师的多次沟通后确定的，明晰且大气，也最终成就了本书的书名。

还要感谢我的跨国家、跨学校的研究团队成员：感谢瑞典于墨奥大学（Umea University）商学院的莱昂斯·凯瑟琳（Lions Catherine）博士。虽然我与她相隔万里，但相同的性格爱好和研究兴趣使得有着不同肤色的我们能很快成为彼此的挚友，也就是她口中的“Twinnie”，这种难得的默契使我们的学术合作一拍即合；感谢中南民族大学的刘晓霞博士、《财政监督》杂志社的编辑郑洁老师和郑州航空工业管理学院的刘永丽副教授。她们让我发现，有着共同志趣的人，不仅可以成为闺蜜谈流行论时尚，一起美丽，还可以成为拍档聊学术做研究，共同进步。

感谢我的学生团队——研究生朱珊珊、黄伟儒、吴珊琪、韩馨璐、刘聪等，以及本科生黄雨曦、郑婧、杜徐琪等同学，在为案例系列中的样本公司收集年报资料、计算和整理相应的财务指标，以及书稿最后的校对中，都付出了辛勤的劳动。

给予我最大支持的家人放在最后感谢：每当我深夜赶稿子的时候，先生周雁军对我健康的关怀备至给我无限的温暖，爱子周家齐对我研究成果的期待给我源源的成就感。以前每当一本专著即将完成并写后序的时候，家齐都表现出强烈的参与感问道：妈妈，你这次又会写到我吗？这一次，小小少年终于可以成为我的小帮手了，我的很多文字完稿后都请他以一个文字爱好者的角度“审读”一遍指出表达欠妥的地方，他提的意见，我都会慎重考虑。

**谈多娇**

**2015年7月于武汉**